我的骸骼

北京上河卓远文化传播有限公司 出品

我的骷髅

曹寇 著

随笔集

河南大学出版社
HENAN UNIVERSITY PRESS

图书在版编目（CIP）数据

我的骷髅 / 曹寇著. —郑州：河南大学出版社，2016.11
ISBN 978-7-5649-2628-1

Ⅰ.①我… Ⅱ.①曹… Ⅲ.①随笔－作品集－中国－当代 Ⅳ.①I267.1

中国版本图书馆 CIP 数据核字 (2016) 第 294572 号

我的骷髅

著　　者　曹　寇
责任编辑　萧　歌　陈晓菲　刘培阁
责任校对　傅红雪
封面设计　郑元柏

出　版　河南大学出版社
地　址　郑州市郑东新区商务外环中华大厦2401号　邮编：450046
电　话　0371－86059701（营销部）　网址：www.hupress.com
制　作　北京大观世纪文化传媒有限公司
印　刷　河南瑞之光印刷股份有限公司
版　次　2017年9月第1版　　　　印　次　2017年9月第1次印刷
开　本　889mm×1194mm　1/32　印　张　6.625
字　数　115千字　　　　　　　　定　价　38.00元

版权所有，侵权必究
（本书如有印装质量问题，请与河南大学出版社营销部联系调换）

目录

1　自序

3　少儿不宜

6　仰望星空

9　本意的狗

12　朝北的房间

15　暴雨

18　热天午后

21　露天电影

24　紫霞湖

27　理财

30　背叛

33　丢魂

36　游泳

39	恋爱及场景
42	中秋
45	火车
48	告别
51	老木匠
54	偶遇
57	死猪
60	治病
63	浴室
66	艺考
69	俗人
72	金老师
75	领导
78	登栖霞
83	在柏林
86	缇娜·杨
89	我的骷髅
92	残酷之夜
95	公交车上

98	祖父之死
101	和外婆喝酒
104	做饭
107	变故
111	母牛们,生命短暂啊
115	和顾前谈诗
118	我所知道的韩东
122	关于赵志明
126	致钱晓华
129	关于"中间代"
134	我看莫言获奖
137	我看"创作"
140	对布考斯基的有限认识
144	和时代同归于尽
147	另一种普世价值
151	一个不"正确"的女的
156	正能量和人民暴力史
160	读中国旧小说
164	读黄仲则

171　中国的鬼
175　乡村再认识
179　南京
185　贵州手记

自 序

这是我第二本随笔集,上一本叫《生活片》。本书主要是最近两三年《深圳特区报》的专栏稿和一些其他报刊网站的约稿合集。舍弃的更多。

我是写小说的,一般我都是这么对外声称的,外人也是这么认识我的。但同时我也写了十来年专栏随笔,因为我需要专栏稿费来养活我和我的小说写作,这就是我的生活。同时,我也觉得自己随笔写得很棒,所以有必要结集出版。

是为序。

2015 年 5 月

少儿不宜

有一天我出门,照例要经过小区那些有如迷宫的甬道和杂草丛生的花坛。后者原先应该种植着些廉价的花木,但我搬来之后就从未见过。它只能沦落为一块荒地,像所有的荒地那样裸露泥土,招惹风雨剥蚀的垃圾。也许我该考虑拒交物业管理费,起码要保留这个所谓的权利。这么想着的时候,我不禁对那些昔日的繁花似锦多做了一瞥,我看到了足以让人惊悚的画面。

在一棵枯死的树棍棍下,石块和黄土的地面上,一个洋娃娃穿着一件背带式的小花裙子。这件裙子放大的话,适龄少女穿起来也应该很好看。但她因为躺在地上,使裙子及一切显得不那么端庄。老实说,她这么四仰八叉躺在那儿,像极了一位被强暴的少女,有着强烈的性犯罪气息(如果你看过美国电影《地牢少女》的话)。这还不是惊悚所在,恐怖的是她是一具无头女尸,脑袋被揪下来扔在身体的不远处。

如果她的脑袋上没有那一小撮头发可能要好点,那样会使她更像玩具，会减弱恐怖效果。多么不幸，她有一撮胡乱流淌的长发，黑暗无比，少许的灰尘使之蒙上了一层阴晦气味。我没有看到她的脸，假发遮盖住了她的表情，似乎死亡和之前的犯罪使她感到了羞愧，不得不用头发盖着一样。

如你所知，我看到了一次杀人案件的现场，而且行刑者使用的是古老的方式：杀头。死者则是一个洋娃娃。法律或道德意义上的刽子手很可能是她生前的主人，一个肥胖儿童或不肥胖儿童。这个儿童很可能遭受了家庭或学校赐予的痛苦，或者他已对自己的玩偶彻底厌倦了。痛苦或厌倦情绪使他干出了这件血腥的事。

当然，以上用词都建立在一种文学描述中。事实上"死者"仅仅是个从来没有生命的洋娃娃，哪怕她体内有个用挤压来发出笑声或哭声的气囊。

然后我想到我应该赶紧回家取相机或者用手机把这画面给拍下来，上传到微博，并且已给它拟定了题目，《少儿不宜》。我甚至还可以想象得出转发和评论的大致状况。但不知道为什么，终于也没有。当然，就算我现在再去补拍也不可能，那具尸首已被小区清洁工清理掉，没错，她的本质正是垃圾。

最后我想说的是楼下的那些儿童。他们每天在附近一所小学上学，傍晚时分，他们在广场上溜旱冰。也有的在玩滑轮车和跳皮筋什么的，多么天真烂漫的场景。他们将如此静悄悄地度过所谓幸福的童年，逐渐长大。没有人会对"洋娃娃凶杀案"表示负责，现在没有，将来也没有。这应该就是我们生活的真相。

仰望星空

今年春天快来的时候,也就是青蛙们打算叫但都还羞于带头叫的那会儿,有一天下午,我正在家里琢磨晚饭是下楼解决还是就在家里下碗面条的问题,一个电话叫我去赶赴一场宴席。"在老地方",而且需要"立即"。不过,对此我已司空见惯,没到垂涎三尺的份儿。好在我的晚饭正没着落,所以我没必要装模作样推三阻四。你也可以认为这正中我的下怀。

即便如此,为了使自己不像一条闻风而至的狗,我还是在家里拖延了一会儿。我看到自己洗了把脸,在镜子中还发现嘴角因为上火而长了个泡。于是我又看到自己找来根牙签将之戳破,让那清浊不明的液体淌出来。至此,我外出参加宴席的心情才稍微饱满、昂扬起来。

到了吃饭的老地方,我不免有点失望,因为满眼都是那些熟悉得不愿意再熟悉的面孔。他们所坐的方位也与前次一模一样,甚至连坐姿也未曾改变。似乎他们多年以来从未离开过这个乌烟瘴气的包间,早已被彼此心知肚明的无聊凝固成了蜡像。是蜡像，而不是大理石或花岗岩的雕像，见风就倒、遇火就化。它们没有任何攻击力，却显出一种诡异的恐怖。

怎么说呢，这顿饭与上顿饭之间看起来是连续的、浑然一体的，其间的空隙正是我起身绕过他们出包间上厕所然后洗完手再返回的那会儿。之间，他们是否有新鲜话题、是否发生过新情况，我不知道，大概也没兴趣知道。我饥肠辘辘，这才是我赶赴此地的动力，我必须坐下来吃"属于自己的那一份食物"，仅此而已。

上述一切，可以说是我们多年以来建立的"传统"。很难说我们这群多年来通过吃喝及某些所谓"共同语言"建立情谊的朋友之所以还能不厌其烦地坐在一起不是因为在等待某个新情况。这有如地面上的爬虫，它们爬来爬去，使用触角进行沟通，偶尔也窃窃私语，谈论某条虫子遇见车祸以至患有不治之症，大家是否该去医院探望。

我在吃喝的时候脑子里确实是这么想的，即想到这个平庸的比喻：爬虫。这时候，突然有个朋友宣布了一条"新情况"，我们中间的某个人之所以今天没来，是因为他参加单位的旅游活动坐飞机去了某地。至此我才注意到那个正乘坐飞机的家伙果然未列席于此。然后问题转换到"你有没有坐过飞机？"调查结果显示，有的没坐过，有的坐过，有的甚至坐过不止一次。唯一相同的是，除了未列席的那位，我们现在都在地面上，都在这间乌烟瘴气的包间里搞着千百年来人类所热衷而又厌倦的爬虫生活。

　　后来,当这场酒席结束,来到大街上,我们不约而同地仰起了脑袋。我们看到了越来越浓厚的春色,而这却不是我们所关心的。我们之所以仰望天空,似乎是希望看到那个幸运的朋友正乘坐飞机经过我们的头顶,只见后者把脑袋伸出机窗,冲我们骂了一句:傻叉!

本意的狗

小区里有个中年女人，每天下午都会准时出来遛狗。这是一条摇摇晃晃的老狗，它皮毛凌乱，目光空洞，三步一侧歪，五步一屁股蹲。某种程度上，和一个人老的时候没什么区别。夕阳（如果有的话）抚摸着它的脊背，落叶（如果是秋天的话）在脚底炸裂，童车（如果生命仍在延续的话）停泊在视线之外，歌声（如果还有爱的话）依稀在远方仙乐般缥缈。

即便如此，它仍然对这个世界充满好奇，在花坛、台阶以及行人身上嗅来嗅去。当它嗅到我脚边的时候，我下意识地跳开了。倒不是我怕狗，而是在我看来衰老不仅使它行动迟缓，同时也使它显得麻木阴狠。攻击性无论对人对狗，并不会随年龄此消彼长，有时可能还会同时升幅。我觉得这应该形成共识。

狗主人介绍，这条狗已经十四岁了，相当于人九十多岁。所以它需要一个五十岁的女人寸步不离地照料，一如九十多岁的父亲需要儿女照料那样。后来,就是我们只看到这个女人拎着菜匆匆而过。问及她的狗,眼圈一红,长叹一声,死了。固有一死,不仅人类。节哀吧,我们像安慰一个老父刚刚亡故的女儿那样安慰她。

只是我还想到自己从乡下搬到这个小区已十年有余了,那会儿我们养了一条现在被调侃或真的就叫"中华田园犬"的草狗。在它之前,当然还有别的狗。对一个村户人家来说,每一届猫狗都见证了这个家庭的故事,所以"猫狗纪年"不仅准确,而且充满情感。韩东《扎根》里就曾经使用过这一纪年方式。不提。

与城里养狗区别在于,它们不是宠物,亦非家庭成员,而就是狗,本意的狗。看家护院,交配繁殖,然后被人剥皮吃肉。我自己就亲手吊死过自己家的狗,吃过它的肉。当然,更多的是它们突然消失了,被狗贩子毒死带走,或被乡邻偷偷猎杀烹食——对,它们既是捕猎者和捕猎助手,自身也是猎物。当然,人类亦如此。

因为搬家,我家猫狗纪年中最后这条狗被我们遗弃了。这么说是因为它当年曾追着我们堆满家具物什的大卡车在村道上跑了很久,我们不能说它有要进城当一条宠物的生活理想,姑且视为送行吧。"别送了别送了,请回请回。"我在卡车上的手势是这个意思。只是怎么劝也劝不住,让卡车上的人热泪盈眶,深感罪过。当然,我们并没有真的遗弃它,让它自生自灭,而是托亲戚代为抚养,或代为使用、代为剥皮吃肉。这都是自然,并非我要感慨的。

我想说的是,就算它跟着我们进城过上了宠物的理想生活,十年过去,加之它当时的年岁,也老了,到了死的年纪。在死上,当年和如今,质量一样。

朝北的房间

我坐在朝北的房间,下面就是马路。如果拉开窗帘,我就可以看到汹涌的车流和零散的行人。行人少于车流,说明这是一条以车辆为主的主干道。它确实像一条河流,不舍昼夜地向我提供着噪音。这些噪音刚开始让我心神不宁,过了大半年之后,如果我不去注意,根本就听不到它。如果在深夜,它们几乎就是雨声击打铁棚那样的天籁,让我觉得自己竟然能够是安全地坐在家里的,而不是置身于险境和乱世,真是太不可思议了——绝非"庆幸"。

我坐在朝北的房间,就是白天,我也很少拉开窗帘。为了能够看得见茶杯和香烟的准确位置,我顶多留一条缝隙。我不喜欢光线,热爱昏暗以至黑暗。当然,坐累了,我会站起来,在那道缝隙里向外窥视。这道缝隙确保了我的窥视质量,那就是如果有一个年轻女人横穿马路的话,我觉得来往车辆制造的狂风把她的头发或裙子掀动得十分性感。就算是眼下的隆冬,她没有裙子,长发也被帽子和围巾之类扎牢,横穿马路的惶恐也让她惊艳无比。没有比横穿马路的年轻女人更性感的了（如果她穿着高跟鞋效果会更好），没有比我从缝隙中看到这些更激动的了。如果她终有一天因为张皇失措被一辆飞驰而来的汽车撞飞，我想她会更加性感，我会更加激动。

我坐在朝北的房间，在这个季节非常冷。有时候我劝自己何不到南边房间的阳台上晒晒太阳？但此念一出，我就会狠狠训斥自己一顿。我告诉自己，冷这个感受真的不错，缩手缩脚，老态龙钟，才是一个人应有的心态和基本的认识。在温暖之中舒服得四仰八叉，其狂纵轻薄的样子，更接近蠢货的形象。就算我是一盆植物，我也不打算将自己搬到阳光下搞什么光合作用。比较之下，我更喜欢枯死的植物。花开花落只让我厌烦。我在朝北的房间，门窗紧闭，使劲抽烟，乌烟瘴气，气味惊人，哎呀，真是美妙极了。

我坐在朝北的房间，每天都无所事事。够不着的书架上和够得着的桌上确实有不少书，不比一个知识分子家的书多，但也不会比一个知道分子家的书少。但我压根就不想看书。我对"阅读是最美的姿态"这句话感到恶心，对图书馆里黑压压的人头感到绝望，对草地上捧读什么的妙龄少女感到困惑。当然，有时候我也会写些在我看来完全可以不写的东西换点稿费，这可能是我活在世上最感到羞耻的地方。更多时候，我就是发怵。大脑未必一片空白，目光却绝对涣散。据说目光锐利炯炯有神之士普遍洞彻人事，我的问题是，他们为什么对人事如此着迷？

我坐在朝北的房间，抽了一支烟，喝了一杯茶，想到有史以来的人类以死人居多，觉得这是一件有趣的事情，也是正确的事情，然后一股喜悦之情涌上心头。不知诸公意下如何？

暴 雨

天热之后,我唯一的奢望就是能降一场暴雨。除了它能在瞬间把温度给你降下来,主要是我喜欢暴雨。然后它就来了,在一天深夜。

当时陈旧的空调所发出的噪音让我久久难以入眠,这么说也不确切,很久以来,起码天热以后,我就没有早早睡过。艰难的捱熬,等来的不是凉爽,而永远是送牛奶的弄出的奶瓶相撞的声音。他的脚步,他的摩托,近了又消失了。接着是鸟鸣,是光线穿透厚重的窗帘。这就是我们所谓的"彻夜"。但这天深夜不同,先是隐约从空调的噪音中辨别出了雷声。然后发现外面正在刮风,发现室外比室内空调制造的凉气高级多了。很快,闪电和雷声的时间距离开始缩小,直到它们同步出现,也就是说,雷电就在我的窗外,就在我的头顶。一点没耽误,几乎是同时,暴雨倾泻而下。

真的是倾泻而下,使我想起了啤酒过量的呕吐。这个比喻并不美好,但足以表现它的猛烈。雨幕像一堵毛玻璃墙那样遮住了路灯，让人替疯狂摇晃的树木担心，而不是那些停泊在树下的车辆。纵横四溢的水流在路边奔腾，可以想象光脚逆流而行所遇到的巨大阻力，绝不会去想城市排水系统普遍的低劣。如果它能变成洪水，是否可以冲刷掉无处不在的垃圾，包括这些千篇一律丑陋不堪的街道和建筑也一并摧毁？狂风和暴雨似乎永远都有这么一个理想，那就是在地球上抹去人类生活的一切痕迹，然后在暴雨骤歇的明天，呈现一幅原始星球的景象——当然，是在另一个星球的眼里，而不是人类。

我确实喜欢暴雨。挥之不去的记忆或梦境是：黑云压城，暴雨将至，我加快了回家的脚步，但它的速度总是让人始料未及，总是在没有到家之前即瓢泼而下。天地震动，万物摇晃，在暴雨中奔跑和尖叫，然后浑身湿透一头扎进家门。堂屋里，父亲在织网，母亲则在做饭。狗从灶下的柴草里爬出来以示欢迎，鸡鸭则拥挤在柴房里叽叽咕咕。他们和它们都保持着被暴雨逼进一个干燥而安全的角落里的满意形象，而同时又表现出暴雨与己身无关的听之任之和幸灾乐祸。我于是奉命换上干净的衣服，加入他们和它们的行列。但暴雨在我身上留下了痕迹，头发没有干。更重要的是，我无法像他们那样泰然自若，而是端了一张小板凳坐在门前。屋檐垂直而下的雨帘击碎在石板或砖块上，有力地溅起，仍然可以跨越门槛落在我的脚上。我简直无法相信自己刚才在暴雨中奔跑的真实性。现在,不是家让我踏实,而是暴雨让我品尝到某种源自孤独的踏实。当暴雨停歇,世界一片腥气,我几乎难以抑制自己的悲伤——暴雨中的奔跑,家中的场景,一切都是真的吗?

在某种意义上,雨声和空调声一样机械枯燥,区别是前者要远远大于后者。但,伏在窗台观望黑暗中的暴雨良久,我就困了,并且睡了一个好觉。这一成功的睡眠该如何描述?我觉得唯有使用"永无止境地向同样没有止境的深渊无穷坠落"才差强人意。

热天午后

腐烂的小龙虾、污水和那些说不清道不明的垃圾集体向我散发着恶臭。很显然,这些恶臭不单单是嗅觉感受,而是有形象的,那就是集中在污渍斑斑的塑料垃圾桶和下水口的事物。如果它们之间不夹些杂货店铺泄到街道上的空调凉气和一些女孩身上的香气,不会有人愿意路过这些恶臭。苍蝇载歌载舞的狂欢,貌似点缀了路人在人生道路上的奔驰,其实它们仅仅是载歌载舞,表达对自己人生境遇的喜悦。也就是说,在这一刻,它们比我们幸运。

当然,到了傍晚,老太太们也会集体出现在广场上载歌载舞。按我母亲的说法,这些老太太们也堪称幸运。普遍有足以打发残年并帮助子女的退休金和积蓄,这有她们高高烫染的头发为证。母亲这么说,旨在提醒我别忘了她的不幸。她青年丧子,中年丧夫,老来失去土地,眼下只能仰仗活着的儿女们为生。她不会唱歌,也不会跳舞。她所能做的,是在暮年不断移动越来越臃肿的身体,在潮热的天气里擦拭无穷无尽的汗水和泪水。

不过现在天色尚早,大街上并没有老太太们的身影。我想应该提醒母亲,这会儿她和她们是公平的,应该都在被汗水腌渍多年呈褐色的凉席上午睡。而且无论她们是否有积蓄和退休金,刻骨铭心的贫穷往事都不会让她们打开空调。老式电风扇制造的噪音,虽然对炎热无济于事,但它的枯燥倒也能够催眠。还有水滴的声音。这是她们为了免费获得一点自来水而把龙头开到某个部位的结果,水滴缓慢、饱满而又匀速地滴在盆里,但水表不会因为这盆水的意外流失而转动。总之风扇和水滴的声音不仅让她们感到活着真踏实,也足以让所有人昏昏欲睡。于是她们无论是坐是躺,就这么睡着了,用以擦汗的冷毛巾被压在胳膊下或握在手掌里变成了热毛巾,直到最后被毛巾烫醒。在午睡醒后和傍晚到来之前,冷气充足的超市和银行将是她们的去处。

已经进了大暑。但这也仅仅是天气预报上说的,对此我并没有额外的体会。在恶臭的边缘,有一株将死的植物,我同样说不出它的名字。可以肯定的是,这不是干旱所致,说不定是前些时日的全城暴雨淹死了它呢。当然,另一个解释是,它根本没有将死,也不会死,它只是装出一副要死的样子表达一下自己对酷热的态度和立场,表达一下它所特有的幽默感。它如果那么轻易地就死了,前方那一排青翠欲滴的树木从何而来?热风摇曳着这些树木的枝叶,铺天盖地的蝉噪震撼着它们的枝干。与其说它们制造了阴凉,不如说它们拢聚了热流。这使我想到如果爬上树是否会凉快点?

爬上树找点凉快这个念头在我脑子里维持了很长一段时间,我不能免俗地想到了所谓的"快乐童年",鸟窝里的蛋、梢后的蝉蜕,以及悬挂在树枝上朝过路人吐唾沫。甚至我还想到一个猛子扎进河底冰凉的淤泥,一个死蚌划破了我的脚……然后车来了,该走了,我不得不和在树上的自己挥手告别。

露天电影

晚饭后，人们早早地来到了大队部。大队部除了有几间挂满锦旗、有一部电话、烟味呛人的村委办公室外，就是一个洼地，洼地中间竖着两根高大的水泥柱子，此时一块白色的幕布已在其间挂好。如果那个戴赵本山帽子的放映员身边及左右已被捷足先登的人占据，迟到的人就会在幕布的反面聚集。更迟的人则会选择附近的大树和草堆，他们可以越过别人的头顶看到电影。洼地对于放映露天电影有天然的优势，人们只需或坐或立在坡顶即可平视。多年以后，那些被父亲扛在肩上的儿童在城里电影院所感受到的也将如此——每个电影院的地形地貌都可以说是一个洼地，那个挂幕布的地方据说叫"影池"。唯一不同的是，幕布的另一面，没有观众。挺浪费的。

一个在1949年前给地主于得水当过长工的老头每次看电影都会在幕布的两侧跑来跑去，他在这边看到吴琼花说话，在另一边也能看到她肥美的下巴颏儿一动一动的样子，他对此感到神奇和高兴。该老头曾经受邀到大队部附近的小学作过报告，因为没有文化，说到于得水对他的迫害时居然哭了起来，并提到于得水被枪毙的那天下了很大的雨，这说明于得水有冤。校长只好轰走这位资深的贫下中农，纠正我们的阶级认识。

那个长年在小学校门口摆摊卖五香豆的老大爷当然也不会错过这个商机。为了让人们看到他的五香豆及其他货物，他甚至还拎来了一盏煤油灯。灯下，他的五香豆散发着粪便一样的色泽，但仍然供不应求。有个小男孩哀告其父良久，终于得到钱来买他的五香豆。不过，拿到五香豆后，小男孩却并没有走。平时，为了招徕小孩子们，这位大爷还会在膝盖上摊上一个本子画猴。只要买他的五香豆，就免费赠送一只猴。三两笔的工夫，一只猴就画好了，像极了，而且每一只猴都不一样。很多孩子都有他画的猴，等他们小学毕业后，也许有人还珍藏着他画的猴，也极可能没有一个人保留。但可以确信的一点是，在露天电影上买他五香豆的小男孩，绝对没有得到他画的猴。

至于村里那个最漂亮的姑娘，在整个看电影的过程中隔三岔五地发出惊叫。她虽然被她的老娘紧紧看护着，但紧翘的屁股还是被几个爪子抓了抓。更要命的是，当她借五香豆大爷的煤油灯照看自己的连衣裙的时候，发现这条自己最喜爱的裙子被人用烟头烫了一个洞。她再也无法忍受地号哭了起来，并源源不断地从可爱的小嘴里蹦出许多最粗俗的字眼。有人说她提前退场了，仍然由其老娘护送。也有人说她老娘不愿意丢下精彩的电影，叫她一个人摸黑回去了。而在独自回家的路上，也就是在那条青蛙纷纷扑通入水的河边小径上，她被一个小伙子给截住了。这个小伙子是一个木匠，不久就成了她的丈夫。多年以后，丈夫成了一个装修公司的小头领，这个姑娘也便是棋牌室里那个胖墩墩的中年妇女。

电影散场的时候，因为混乱，我妈发现我不见了。她找到了父亲，父亲则找到更多的乡亲。他们一路呼喊着我的名字，以至于喊哑了嗓子。我只是走反了方向而已，在夜色中，我背离家的方向越走越远。刚开始，我还可以看到很多散场的屁股和大腿，后来它们就不见了，只剩下我一个人在走。我看到黑黝黝的树冠，看到了田埂上齐刷刷向一个方向摆动的青草。水沟里有西方那轮下弦月的倒影，有昆虫鱼虾或青蛙制造的涟漪。当天已经蒙蒙亮的时候，我终于失望地听到了我妈那鬼魂一般的呼唤。

紫霞湖

紫霞湖位于紫金山上，毗邻明孝陵。四面环山，林木葱郁，虽说是上个世纪二十年代开凿的人工湖，但因置身深山，天然水源，更像一个野湖。在作为长江三大火炉之一的南京，不啻于一块绝佳的纳凉消暑之地。而所谓纳凉消暑，无非是一头扎下去，享受一番清凉。但问题是，供人游泳并非紫霞湖的功能，一如乡野河塘从来也不支持孩童下去嬉水。区别在于，紫霞湖有"禁止游泳后果自负"的招牌，意思无非是你淹死了没人管，而乡野河塘没有这些"善意提醒"罢了。无论有无提醒，每到夏天，夏夜河塘里无不浸泡着孩童，同理，众多南京市民不辞劳苦奔波至此纷纷以饺子的形象下到了紫霞湖里。然后就是新闻报道，又有乡村孩童淹死了，又有市民命丧紫霞湖。

本人既是当年的乡村孩童，也是紫霞湖中的饺子之一。所幸是迄今还没淹死，否则你们也不会看到这篇由我署名的文章了。我所关心的是，到底是什么让我们总是冒着生命危险去不该游泳的地方游泳,而不是前往有救生员注视水面的游泳馆?说成享受清凉(乡野河塘和紫霞湖确实比游泳馆的水清凉多了),我觉得过于潦草,清凉的办法多了去了。说成亲近自然,也略显矫情,遑论这年头"自然"未必还是那么回事,被污染的河流里从来就不乏游泳的人。这个问题看来有必要搁置不论,还是让我们在爬出上述水域后集体点上一支烟吧,向那些每年在水中淹死的鬼魂默哀,并致敬。

前几天,我刚去了趟紫霞湖。照旧是傍晚时分,也就是紫霞湖里人最多的时候。照旧是扶老携幼各色人等全部来了。照旧是卖泳衣泳圈泳镜的小贩吆喝不已。很多年前我来紫霞湖游泳的时候,别说小贩了,妇孺都很少,那年头人们游泳还不那么爱穿泳衣,要脸的穿四角大裤衩下水,不要脸的光屁股下水。也可以这么说,眼下来紫霞湖游泳的,已并非如当初那样都是会水的人士了。那些刚从游泳教练那儿学会用脚拍打水面的人,那些还没有学会憋气的人,那些压根不会游泳仅仅是站在岸边撩起裙角用脚蘸水便大呼小叫的姑娘……让人觉得这里距离开发成商业游泳馆的日子已经不远了。五颜六色的泳衣将湖岸和沿岸水域全面占据,好在湖中心因为太深,除了泳技有自信和保障的人,还比较空旷。

因为湖面宽大,体力有限,我一般每次都游到湖心,然后在那儿仰面朝天地歇会儿,再游回来。再不然就是一鼓作气游到湖对面的亭子那儿,比如此次。不过,这都是在天光明亮的时候，岸边的喧闹和色彩愈演愈烈之际。我们这一回去得太迟，天色暗后，我们已经看不到湖岸上的人，他们制造的喧哗也逐渐微弱。也就是说"禁止游泳后果自负"在这会儿威慑力骤增。同伴提议，要不我们就在亭子这儿上岸，沿岸走回下水的地方？不知何故，我想了想，叫他们上岸走，决定自己还是游回对岸。确实，游到湖心，已经没有那些泳技了得的家伙与你擦身而过了，岸边那些在手电和手机灯光照耀下逐渐离场的人也使喧哗可以忽略不计。尤其是我仰躺在水面歇会儿的时候，一切声响都因为耳朵被淹没在水中而极不真实，反而水底水流、鱼虾及水草制造的声音更为亲切。还有四周黑黝黝的山峦，以及深不可测的夜空。多么幸运，我还看到薄云之间若有若无的星光。

"这真是一个不错的地方啊。"我想那些淹死的人一定会这么说。

理　财

我们约好了地点和时间。然后这个时间到了。

她说她已在我楼下的体育活动中心。我洗了把脸，穿上衣服去了。

我注意到大厅里那张椅子上的她，一个皮肤惨白，身材偏瘦，相貌普通的姑娘。这样的夏日午后，出现在体育活动中心的要么是锻炼人士，要么是附近纳凉带孩子的中老年人，这些人的神情是可以分辨的。所以她显得出众，出众地相貌平平。她在玩手机，短信、游戏，或别的。

我很肯定此人就是她。

所以我没有上前相认。我站在她的面前，然后拨通了她的电话。原本安静的坐姿立即就慌乱起来。她试图找到我，而且是左顾右盼地找。直到最后，她才看到就站在她面前的人。

我是个什么样的人？当我和她为了找个能说话的地方在大太阳地里走的时候，我留意到一些建筑光洁面或干脆就是玻璃镜面中的自己。我穿着因为朽溃而被剪为短裤的牛仔裤，上身一件灰T恤。头发在半个月前剃光了，现在乌黑一片。因为她的缘故，我黑得如同在烈日下移动的炭块。

然后我带她找了一家经常光顾的小饭馆，门被一把椅子堵着，里面只有一个服务员。这个服务员不认识我，所以我没有提及她的老板，实事求是地告知她我的来意。服务员除了表达一下惊讶并没有赶我走。当我请求能否给我们一壶茶的时候，服务员表现出了慷慨的美德。

好了，现在我们已经面对面坐下，而且茶杯在手。可以开始了。

在此过程中，我喝光了那一壶茶。而她一口也没喝。我们的共同点是不断驱赶闻风而至的苍蝇。最后，我告诉她坐哪路车回去比较快，就此互道拜拜。

读到这里，你或许认为这是一段相亲经历。好像区别也不是很大。事实是，来人是一个保险公司的理财顾问。早在数天之前，他们远在上海的总部就致电给我，表示要上门给我免费理财一下。刚开始，我感到不快，谁将我的个人资料给了他们？此外，我对理财这个行业闻所未闻，极其陌生。虽然我没有将他们想象成骗子，但与我毫无关系并永远发生不了关系是肯定的。不过，后来我觉得未尝不可以见识一下。我太闲了，大块大块的时间让我感到人生不仅漫长而且空旷。

我和这位顶着烈日不辞辛劳登门拜访的姑娘之间的谈话难以复述。她像一面镜子一样在照耀我的贫穷和混乱。人生或许真的需要她所说的规划，金钱更需要节制而有效地使用，不过，为什么非要如此呢？难道我的生活真的不是生活？难道她乘车奔赴下一个顾客的约定地点真的是那么重要？我多么想告诉这个姑娘，请不要再以"您"来称呼我了，让我们谈点别的吧，谈谈转瞬即逝的青春，谈谈你的伤心事，或者谈谈我们各自的未来。

背　叛

一天早上，六点闹铃一响，我就起床了。虽然因为昨夜的迟睡而头重脚轻，但这么早起床还是让我感到神清气爽、心情愉悦。不过出门一看，天阴沉得厉害。凭借经验，一场雨水迫在眉睫。不过，我没有返身去家里拿伞。一方面我不爱带伞（总是丢，我的成长史就是一部丢伞史），另一方面，在我看来，打伞是一件很平庸的事情。难道不是？我们多么幸灾乐祸那些在暴雨中奔驰的家伙，我们多么困惑这个世界上总有那些在大雨中踽踽独行、深不可测的人士。他们与躲藏在雨伞下的我们是那么不同，雨伞将我们混入庸众行列，却使他们的形象突兀和鲜明了起来。

当我刚走出小区，就下起了雨。我不得不将帽衫的帽子拉到头顶。帽衫总让我想到敞篷汽车，下雨的时候我们才把帽子拉上戴上。我于是想到，一切顶部（包括房顶）在不下雨的情况下可能都是多余的。当然，下雨天把帽衫的帽子戴起来除了在最开始的时候让我们感觉到安全之外，其实与掩耳盗铃无异。雨越下越大。很快,我就感到自己的衣服开始严重"贴身",帽子也沉重得压得我抬不起头来。我赶紧蹿入路边一家门面房的雨棚下。然后看着所有在自己面前经过的打伞的家伙。偶尔有个别家伙会朝我看一眼,并在他的心里下一个定论:"哦,一个没带伞在这里躲雨的傻叉。"

此时我离家还不算远,如果我是个单薄的少年,在雨缝中穿梭,一头冲回家,还有希望。但是,我不再是少年,这首先让我感到一丝不快;其次,我不能背叛自己,背叛对大雨和雨伞的蔑视。于是,我继续前行。前行的速度视雨的大小而定。小,我就匆匆而行;大,我就抱头鼠窜寻找屋檐停滞不前。如此反复多次,真幸运,我居然已经接近此行的目的地。

然后我再次找了个屋檐,蹲下(因为冷)给对方打电话。我们已约好七点左右在此碰头,他把一份相对来说比较重要的文件给我。在电话中,我听到对方的声音属于刚刚醒来的模样,我似乎都能够闻到他巨大的隔夜口臭。然后,他用这种带有特殊磁性的声音抱歉再三,并意识到了尚未拉开的窗帘外的大雨,用更加诚恳的歉意表示,我可以暂且回家,等到八点半再来等他。在这一个半小时中,他还有很多事情要做,起床穿衣,刷牙洗脸,煮食早餐,送孩子上学……确实,我也算了算,如果我掉头回家,需要二十分钟,来回四十分钟,那么,我还可以在自己的家里待上整整五十分钟。在这五十分钟里，我可以不慌不忙地也烧个早餐吃，甚至还可以坐在马桶上大个便。这是早起人士的日常功课。我虽然长期不早起，没有吃早饭的习惯，没有在这个点儿上大过便，但为什么不可以试试呢？哪怕是假装成一个惯于早起的人也好啊。如你所知，当我一想到这些，我立即在心里给了自己一个嘴巴，并决定，我就不回，我就在这场大雨中等，一个半小时有什么呢，你敢再让我多等吗？有种你就来吧，我根本不在乎。路边还有一家热气腾腾的早餐店，也被我强忍着拒绝了。"我不会吃的！谁吃谁是王八蛋！"我似乎是在宣誓和赌咒。

我不想重复我在凄风苦雨中等待的痛苦。后来我实在扛不住了，找到了一个温暖的地方，但即便如此，我也没有背叛自己之前的所有决定。我只是去了一家路边网吧。因为时在清晨，包大夜的人几乎散尽，有个别困倦之极的网虫正在电脑椅上一边打鼾一边下滑。好在网吧老板娘还很精神（大概昼夜分别是她和丈夫轮值），散去的人留下的体温仍然温暖，一切都让我感动极了。我上了一台机，并只交了一个小时的费用。我的目的不是上网，而是一个小时后那个人带来的文件。但我没有收到文件。天呐，我在网吧睡着了，不愿醒来那样睡着了，所以至今也没有收到文件。

丢 魂

一段时间以来，只要没有意外，每天晚上十二点左右我都会出门散步，带着手机和一点点钱。

手机用来看微信，有时自己也会拍个街景什么的发一条，然后再拨拉拨拉看看所谓的朋友们都说些个什么鸡巴玩意。这已经是一种习惯，相信很多人都如此。时至今日，我们真是无法想象没有手机的日子。记得很多年前（手机普及史上）我喝多打车回家，下车之后一摸口袋，瘪的，手机丢了，整个人跟魂丢了似的。那会子手机挺贵的，此其一。此其二，当时我通过手机追求一个女的，也就是没完没了地给她发短信，完全不管她回不回，烦不烦。手机丢了，说明我没法给她发短信，就像我被迫和她断了一厢情愿的联系，就像被她彻底拒绝了那样（虽然事实正是如此）。这真可叫人痛苦不堪的。

这当然是所谓的往事了。眼下手机不仅不会滋生感情问题，而且比当年好玩多了。现在人们已经不说"掌中电脑"

了，但我们的智能手机就是这么个玩意。换个说法，我们已经无法离开网络。出门之前关上电脑，出门之后带上手机，我们时刻和网络同步。老实说，我可不觉得人民和网络如胶似漆是什么需要警惕的坏事。相反，看着街上、公交车和地铁里到处都是埋头玩手机的人，倒让我想起手不释卷的古人，挺感动的。

钱只带一点点，仅是有备无患，而且备的是需要用小钱的时候。比如走累了，买瓶水夹在腋下（我也尝试过在没人的地段夹在裤裆里走了走），或者干脆买两听冰啤酒坐在马路牙子上喝。大半夜的，路上行人不多，尤其朱白中意的那种适龄女性相当之少，这是半夜坐马路牙子喝酒唯一不足之处。

不过，绝大多数时候，我都不会花它们。走热了，走渴了，恰恰是我所需要的。难道我散步是为了和躺在床上一样舒服吗？当然了，深更半夜，并非没有花钱的地方，二十四小时便利店一直开着，性用品店的塑胶阴道还和出厂时一样干净保持着处子之身，浴室、KTV、酒吧、足疗店等等生意仍然火爆。在这些地方，门口总是聚集着一些摇摇晃晃的男性顾客。大概是因为夜深的缘故，他们说话永远都像在高声咒骂，夜色空旷，回声隆隆。偶尔也有个把浓妆艳抹的小姐把半个身子从门面房里探出来。我从这些男女的缝隙中穿过的时候，总是担心某个喝醉的家伙会无缘无故打我一顿（我如果是他，就会打这个在深夜所特有的宽阔之中故意走到近前搞什么摩肩接踵的傻逼)。或者，那些探出的脑袋如果叫我一声"大哥"，我该怎么办？如你所知，这些担忧并没有让我避而远之绕道而行，而是意志相当坚定地日复一日地穿过他们——和她们。因为，我感到十分刺激。

你总算可以理解我带一点点钱的原因了吧，与其说我蓄意使用囊中羞涩来克制自己加入他们行列的冲动，不如说我对穿越烂醉、疯狂和交易的现场感到心醉神迷。

不过，问题是，我每天散步都是围绕所在社区，也就是只有一条路线。顺时针走烦了，就逆时针走，路这边走厌了，我也尝试从马路对面走。如果我年纪够大的话，我觉得自己可能还会倒着走。我的意思是说，我从来没有想过走远点，正是因为没有走远，所以其他的地方在我看来都是一片黑暗，没有通电古人类都吹灭烛火进入梦乡的黑暗，或者干脆是荒山野岭、月球背面的黑暗。我也没有梦见自己置身过这种黑暗，但我梦见过没带钥匙直接就回了家。

游　泳

　　那个身材好的女的，穿的是粉色的连体泳衣，在臀围处还有一条小短裙那样的东西。她先用脚尖蘸了蘸水，然后在池边蹲下身，用手掌舀了些水泼在自己身上。她对水温略微感到吃惊的样子，这种惊讶一直维系到她整个人彻底下到水中，并发展到高潮。在水将她整个身体淹没的瞬间，我们似乎可以听到她漂浮在水面的头颅发出了一声叹息。然后她就开始游了起来。相当机械的蛙泳，应该是在教练那儿学来的。这种人在泳池里也挺多的，对他们来说，游泳和打羽毛球相似，是一项体育运动，一项技能，在他们的人生经历中，基本没有跟水打交道的必要。游泳是用来锻炼身体的，不是用来搞鱼摸虾的。对我们来说，游泳是为了凉快，顺便唤起早年在河沟里翻滚的记忆。那可是一大串有趣好玩甚至残酷的人事。要知道，所谓美好的童年，都是以每年淹死个把小伙伴为前提的。

　　不知道为什么，几乎所有的人在泳池里站立都是以踮起脚尖的方式。这会使腿变得更长更直。当然，作为男的，看到男的这样只能让我们感到恶心。她不同，她是女的，身材已经够好，如此更好。加之水流，她臀围的小短裙在水下荡漾不已，泳裤的三角形状若隐若现。我们相信，如果她泳衣上没有这个小短裙，我们不会盯着她的下身看，现在，我们看的似乎不仅仅是她的泳裤，而是由雪白的肉、乌黑的阴毛、高耸的阴阜和紧闭的阴唇所构成的整个区域，以至于一张一翕的肛门也清晰可见。因为泳镜，在水下我们尽可以大胆欣赏。

我们于是以她为核心游了起来。我们和她一会儿在池中你追我赶，一会儿迎面相遇，更多的是我们一起靠在池壁上踮着脚休息。在追赶和相遇中，我们偶尔还可能有某种不经意的身体触碰，但在池壁边，这是不可能发生的。我们只能侧过脸扫一眼她的脸。凸起的白色泳镜几乎遮蔽了她五官的全部信息，泳帽的存在也无以揣测其头发的长短和颜色。她甚至还可笑地戴着耳塞和鼻夹。后者促使她必须微张着嘴呼吸，因为水温和浸泡，她的嘴唇灰白，偶尔伸出的舌尖却是鲜红无比。

就这样，我们又多游了一个多小时，直到她上岸离开。我们的手脚因为长时间的浸泡已经褶皱累累，我们的全身也仅有胸口那么一点热气。热水冲浴时，我们感动极了，就像我们都变成了儿童，被我们的妈妈抱在了怀里。在冲洗阴茎的时候，我们发现，在刚刚过去的这段时间内，它们萎缩得厉害，并没有因为那个女的而出现过任何变化。而想到这点后，我们则必须放下它，并尽量避开热水，以防其发生不可遏制的变化，并演变为当众自渎的闹剧。

擦干身体，穿好衣服，我们点上一根烟，然后掏出手机边走边看，回复未接来电和短信，此不必赘。外面已是大黑，但广场上灯火辉煌，几百个大妈在跟着音乐跳舞。汗水已经湿润了她们的衣裤。后背和腋下的汗渍让我们想起她们的裆下也应如此。我们想到，如果把这几百个大妈全部放到泳池，那将是怎样的景象？这样一来，大妈们或许无法跳舞，只好把精力投入到别的方面，比如她们还可以排卵，那就使劲屙，屙在泳池里。我们则应邀返回泳池射精。精卵结合，次日开门营业，工作人员被眼前的景象吓坏了。池中游弋着怎么数也数不清的婴儿，他们无师自通与生俱来地学会了游泳，他们因为找不到父母，所以不要爸爸和妈妈并毫无哀戚之容，他们是一群快乐的集体孤儿。

恋爱及场景

晚饭是自己一个人吃的，而且是蓄意避开和同班的或认识的同学在一张桌子。食堂餐桌对面坐着的是陌生的同龄人，她们在聊一个事，听起来非常可笑。看起来她心情不好，其实她心情好极了。这似乎是在为对方腾出一点时间积攒力量。

饭后无非是上网，淘宝、微博或者QQ，但都心不在焉。精力主要集中在电脑边充电的手机上。现在已经不发短信了，而是微信。虽然她和别人微信仍然采用打字输入方式而不是语音，但比之短信，微信更让她信任。一个人孤独地站在另外一个星球上，眺望着蓝色的地球。《小王子》描述过这个场景吗？也许，也可能没有。

然后微信来了。她回复了。起身去洗澡，出来已经换上干净的裙子和球鞋。她没有吹风机，室友有一个，但坏了。所以在正猛吃零食的室友眼里，她是头发湿漉漉地出门的。这没有什么不好，她觉得，这样最好，尤其是在下楼梯时楼道里一阵晚风吹来的时候，真凉爽啊，舒服死了。

出了宿舍区，是一条马路，宽容地让几辆车过去之后，她这才过马路，进学习区。在图书馆的后面，是一个小园子，里面有几排排列不规则的松柏，下面就是草丛、鲜花和石椅，如果昆虫和蚊子不算的话。她确实没有在那些石椅上找到他，但他找到的一块长条状的青石足够二人坐了。他已经给她腾出了位置，并且在分给她的那一半上铺好了报纸。她于是坐在了他的身边，后者因此闻到了她沐浴液、洗发水的香气。谈不上沁人心脾，但堪称清香四溢。等她携带着无数被蚊子咬的包返回寝室，一进门，她就问室友："有花露水吗？"后者仍在桌子上狼藉的袋子里寻找残存的零食，没找到，这才长叹一声，表示她也没有。

没错，这只是一场普通的大学生恋爱和约会经验。没有任何新奇之处。而我之所以写这个，是一个女大学生在网上跟我聊了会儿天，之后我脑子里闪现过这些画面。和我聊天的这个女孩，她已经大四了，一直在忙着实习和找工作。再过一个月，她就毕业了，而工作尚无着落。我认为，这不应该是她的困惑，而应该珍惜大学生活，最好是沉溺于恋爱之中。不过，可惜的是，也许是因为长相普通（像上述那个暴食暴饮的室友），她迄今还没有谈过恋爱。面对即将到来的毕业，没有"未来"，也没有爱情，她不知道自己该干吗，困惑由此而生。从某种意义上来说，这确实叫人遗憾。

更让我觉得遗憾的是，本人在大学期间也没有谈过恋爱。上述的恋爱场景，仅仅是我的想象而已。遗憾还在于，这一想象力平庸至极，毫无价值，因为它可能连想象力都算不上，仅仅是来自于他人经验或影视场景。这个困惑的女大学生之所以找我聊天，无非是我是一个写小说的。也许在她看来，我的阅历和见识可以给她提供点什么"管用"的东西。最终，是她提醒我：我不仅像她一样没有在大学谈过恋爱，而且我对大学生恋爱的想象力是如此匮乏和平庸，匮乏和平庸与其说是我的天敌，不如说是我的属性。

中　秋

中秋节不如小时候有趣。刚开始,我也不能免俗地朝这个方向想了会儿。什么都是小时候好玩,大家都这么说,事实好像也真是那么回事,起码过节的热情现在是大不如前了。但,我不愿意这么说。

歌唱乡村,歌唱往昔,歌唱贫穷,这几乎是当代抒情的范式,誉之为陈规陋习也不为过。在我看来,乡村从来就不是我的"精神家园",亦非"故乡",它只是我曾经居住过的地方而已,鸡飞狗跳,三姑六婆,愚昧和落后齐飞,淳朴与卑贱一色。当我看到作家们坐在城里精装修的书房里讴歌乡村的时候,我的内心充满了鄙夷和憎恨。而所谓往昔,除了不堪回首,除了永不再返,你还剩下什么?至于贫穷,它除了一代又一代地伤害我们,把我们变成骨子里的穷鬼,灵魂上的乞丐,别无功效。

回到中秋节上来。是的,那确实是在乡下。一家老小七八口人,月饼三两块,刀切了分而食之。饭桌上也没有别于平时的可口菜肴。月亮确实似乎比现在大一些亮一些。那又怎样？无非是空气质量不好而已。哥哥爬到草堆上看月亮，我爬不上去，只好在草堆下看他。像多年以后的电影海报一样，他有硕大的头颅，窄小的身躯，几乎像站在月中。我们是那么幼小，面对这轮亘古未变的明月，虽然在大人们的撺掇鼓动下，确实为它的升起而感到了某种不明所以的兴奋，但我们又知道什么呢？每年被重复讲述的嫦娥的故事吗？那并无新奇之处。草堆上的哥哥又想到什么了呢？几乎什么也没有，因为时隔多年，我们一丝一毫也想不起来了。回头一望，这种空无一物的兴奋让我感到悲伤。

当然，这不表明现在或者今年中秋我就感到有趣了。仍然无趣。有人送了月饼，我买了螃蟹和黄酒，母亲烧了一桌菜，一家老小（人员比之当年已有部分新陈代谢）吃吃喝喝。母亲年纪渐老，好在还能攀爬。哥哥日子过得不错，替他高兴。我日子过得一般，也没所谓。继而杯盘狼藉，刷锅洗碗，再逐个散去。

饭后在楼下独自晃荡的时候，我发现这晚的月光确实明亮，以至于像日光一样给居民楼制造了一个轮廓相对明确的阴影。当我从明亮的光线里走向阴影的时候，邂逅了一楼某户人家的那只鸭子。这是一只有趣的麻鸭，为什么呢？因为长期放养，它不仅对人毫无惧色，还和一条同样放养的小狗情同弟兄。有时晚上回来，我甚至发现这对小畜生还交颈而眠呢。不过，此时它只站在阴影之中，当我有意将它赶到月光下，我发现它被月光给吓坏了，发出了尖叫（如果嘎嘎也能算尖叫的话），然后扭动肥臀一头扎进了黑暗之中。

你知道我说什么了吗？反正我不知道。

火　车

在交通工具里，个人更喜欢火车。这倒不是因为它的安全系数较高（事实是近年"出轨"事故也不少），往好听了说，它不紧不慢、目标明确，以至于"绿皮火车"还可以成为小资表达文艺情绪的抒情工具。但在我看来，最主要的是，它很"当下"。

所谓当下，无非是这个时代的真相。真相包括互相推搡、疲于奔命的乘客，还有山川、农田和城镇。他们和它们都是客观存在，包括一切虚假（诸如铁道两旁被油漆涂抹一新的破砖烂瓦及乘客之间的夸夸其谈）亦然。

当你排在售票队伍的末端，才能体会到什么叫等待。当你等待结束却被告知票已售完，才知道什么是绝望。在此情景下，无论是衣着体面或破衣烂衫都无非是一种乞讨的表情，乞求能够买着票，乞求能够顺利到达目的地，然后卸下沉重的包袱，长舒一口气。鉴于这种乞讨神情，所有人也无非是丐帮中的"净衣"和"污衣"罢了。换言之，我们回家或者远出，都是乞食于人间啊。

如果能够幸运地买到一张硬卧，你应该有此经验：当你在颠簸中沉沉睡去，往往会被臭脚丫和方便面的味道弄醒，奇迹在于，你居然也饿了，并为此感到羞愧。窗外向后退去的景象确实让很多人陷入了沉思，暴露了他们对人生的虔诚。个别人也许还有兴致观赏这些稍纵即逝的景象。荒山野岭或壮丽山河或许真的让我们能够产生对祖国大好河山的热爱之情，水田中的牛及其倒影也可以让我们搜肠刮肚寻找关于田园关于故乡的诗句，不过那些布局混乱的城镇，那些密密麻麻的人群，却不能产生美感，只能叫人黯然神伤：蝼蚁众生岂独乎此！当然，也并非所有的人都如此，出于解闷而彼此打破沉默真假莫辨的交谈，暂时性的友谊，抑或可以缔结良缘的艳遇，它们出现在车窗左右两侧弹簧凳子的对峙之间，出现在抽烟处借个火的机缘中，或者出现在下铺对上铺的宽容上。此外，追随整个铁道两侧的垃圾以及铁轨上粪便所散发的恶臭将作为上述一切的"背景"。

当然，我所说的仅仅是K字或T字头的火车。高铁的殊荣不在记录之内。但这不代表高铁不值一提。因为速度和大多人只能在短短数小时内坐在属于自己的座位上，以至于禁止吸烟，无需什么饮食，人们一方面来不及审视窗外的景物，另一方面陌生人之间似乎也因此丧失了攀谈的欲望。如果所有人都互不相识，如果没有一个好色之徒身边正好坐着一位美女，整个车厢会无一例外地陷入死寂，并且行驶的轰鸣加重了这种死寂。推着小车叫卖的列车员一如经过一片坟地的货郎。这种荒凉程度类似于乘坐飞机。在飞机上，五千年的文明史所暴露出来的本质，依然是浑圆的荒凉。

告　别

因为卖房，终于要和住了十年的家告别了。与跟人告别不同，这种与家告别是以"伤筋动骨"和"破坏"的方式开展的。

"伤筋动骨"指的是一切物件需要搬走，腾空了交房给下家。家具摆放，并非兴之所至，而是融入了我们对居室的认知、判断和审美。衣橱靠着此墙放，并非最初如此，而是靠彼墙放了些时日才琢磨出它更适合依靠此墙。花盆置于电视机旁，不仅旨在节约空间，亦希望视线免于干涩。至于穿衣镜，它可以让我每天在穿越客厅，也就是无论是出入家门还是在家中吃喝拉撒，都能感受到自身亦可拥有惊鸿一瞥的效果。包括窗台上摊开的一本小说，还没看完，但我必须将它合起来，混淆于其他书籍之中一并装箱……

当然，"伤筋动骨"是可以恢复的。"破坏"则让人不免伤感。它集中在损毁、蹂躏和遗弃之上。多年以来，进出家门均需拖鞋，用以表达洁净的愿望和某种尊重或感激。感激母亲每天拖洗地板，以及对一切物什的珍惜，感激进门拖鞋之际闻到厨房里饭菜的香味。香味的方向是固定的，我总会朝那个方向看一眼，母亲会听见动静从厨房探出脑袋。这种方向感一如半夜醒来，你知道窗在左边而绝不是未来可能性的其他方位，或如半夜如厕，你能够在黑暗中准确地摸到电灯开关，仿佛瞎子也能准确地将饭勺递进嘴里。现在，没有人会脱掉鞋子搬家，与其说清晰而又凌乱的脚印有如一场灾难那样触目惊心，不如说那些未被搬家人涉足的角落，它们依然保持着母亲擦洗之后的光洁和明亮更让人伤感。新主人也许搬来之后会将之擦洗得更亮，但在我们看来，它将永远模糊不清。

不堪重负的搬迁啊，也正是"告别"之时才发现，生活是如此沉重，多余的赘肉一旦割舍只能疼痛。放进垃圾桶中的东西，想了想，又拾了起来。它曾经是和某个人一起买的，或者是某个人送的，即便已经忘记它的来路，搬家中的遗弃似乎比平时的遗弃（倒垃圾）更为残忍。自己喜新厌旧或它们寿终正寝，作为垃圾处理可谓人之常情，恰恰在搬家之时将之遗弃则不免有失情义和度量。换言之，它们已然不是垃圾，而是记忆，仿佛死者的笔迹、早年的一页毫无实质内容的日记。

终于，一切都搬空了。我们理应追随搬家公司的卡车而去，即便早已筋疲力尽，我们还是再次爬上了楼。希望和多年以来爬楼回家时一样气喘吁吁,但显然很难做到,我们太累了,我们为自己夸张的喘息而感到羞愧和伤心。我们穿着鞋踩着地板在空荡荡的家里久久盘桓,它是如此陌生,像闯进了别人家一样,像不认识你一样。同时它还是那么熟悉,就算她眼下冷若冰霜,但岂能改变我们曾经的如胶似漆同床共枕?还有气味,它依稀残存,即将不复存在。

"整整十年。"母亲说。

老木匠

装修房子，水电、油漆、木工和瓦工轮番上阵，少的干一两天活，多的也就三四天而已。都是装修公司派来的人，也就是说，都是陌生人。况且我也只是偶尔去一趟"工地"，加上他们无一不因为劳动而灰头土脸，老实说，连他们长什么样子我都弄不清。某种意义上，他们和路人是一回事。

印象深刻的是那个老木匠。

我喜欢木匠。我有三个舅舅曾经都是木匠，还有两个舅舅是瓦匠，此外还有个是开手扶拖拉机的。很小的时候，我总是幻想开拖拉机的舅舅能够将木匠和瓦匠舅舅们一车拖到我家来，一举解决我家的贫穷。只见他们身轻如燕地从拖拉机拖斗上跳了下来，手里无不操着在我看来无比硕大的工具，然后蜂拥而入。我家的门框都因为他们的进入而摇摇欲坠。此外，我的木匠舅舅还像拍打兄弟的肩膀那样拍打我家门前的那几棵大树，表示，有这几棵树就行了，别的都不重要了……这当然只能是幻想。事实上，多年以来，我的这几个舅舅也深陷贫穷。比如后来他们发现,木匠并不比干别的挣钱,所以他们最终放弃了这门手艺而专心种地。然后他们就老了,成了指甲缝里全是泥垢的乡下老头。

这个替我装修房子的木匠,年龄也和我的舅舅们差不多。唯一的区别是他现在是一个老木匠,而我的舅舅们永远都是年轻的木匠。我不知道如何描述他的老,总之,他这种老让人舒服,让人放心。面目平和,慢声细语。戴着顶帽子,耳朵夹根铅笔。抽孬烟,且每次都给我递。他使我想起汪曾祺小说里那些手艺人。他确实是泰兴那边的,靠高邮不是很远。相比之下,他的老婆倒显得年轻。年轻有时是不对的,起码使她看起来没有丈夫淳厚。比如她不愿意多谈他们二十五岁的儿子,老木匠则摇头不已,表示自己的儿子没什么出息。还比如,有一个地漏不通,她说他们夫妇来的时候就不通,应该找水电或瓦工,老木匠则一言不发地帮我鼓捣了半天。布鞋湿了,裤腿也湿了,还是没通,然后冲我不好意思地一笑。我想,你毕竟只是个木匠啊。

我这个装修在木工上工作量并不大,干了两天半就干完了。这两天,老木匠夫妇就住在我这个房子里。所以,除了工具,他们还带来了电磁炉、锅碗和被褥,东西不少。我再去的时候,他们正好干完要走,东西都归置好了,只等公司的车来接。没有电刨电锯,没有木花四溅,只有马路上的车流和小区里某棵树上的鸟鸣。这是相当清闲的好时光。我像个监工那样在房子里踱来踱去,这对夫妇则就地坐在我那尚未成型、乱七八糟的阳台上晒太阳。午后时分,阳光真好。地面肮脏,他们的衣着也不比地面干净到哪儿去。听不懂他们说什么。

他们的车还没有来,我决定先走了。跟他们打招呼时,我被眼前的景象震了一下。老木匠的帽子第一次摘了下来(在我眼里),露出了一顶秃瓢。他的妻子抚摸着这顶秃瓢,彼此十分享受的样子。我觉得这也是上帝希望看到的样子。

偶　遇

一天下午，我从超市买东西回来，在门口遇到一个女子，怎么看都觉得面熟。我试着叫了一下她的名字，果然是熟人。这女子是我村里的，比我小一岁。我记得她小时候眼睛大大的，我们一起摘过桑葚。我爬上树摘，她在下面仰着脑袋眨巴着大眼睛看着我。事实上并非如此，起码我不记得了。我只记得我摘桑葚时，她也在。而且她家门前有棵十分高大的枣树。到了这样的季节就会挂满枣子。她是不许我们爬到她家的树上摘枣子的。

她哥哥叫阿文，跟我们一起玩了很多年。她奶奶死的时候，我和哥哥去她家，那时候我已经在外地读书了吧。她的奶奶就直挺挺地躺在堂屋，我和哥哥则坐在一旁与她哥哥说话。后来她哥哥进房间拿出了半瓶橘子罐头，玻璃瓶装的那种。我们小时候很爱吃，而且只有生病了才有的吃。所以我总是希望自己生病，可惜我太健康，很少吃到。于是，我、哥哥和她哥哥三个人分吃了那半瓶罐头。吃完后，她哥哥才告诉我们，这半瓶是他奶奶死之前吃剩下的。也就是说，有一半正在我们面前这个已死掉的老太太的胃里，另一半在我们三个人的胃里。这是一种极其古怪的感受，如果说反胃想吐，显得有点假。但若说格外可口，那就太恶心了。

因为罐头和死亡有关，所以我还记得我们吃完罐头在发呆的时候，阿文的妹妹，即她，从房间里出来了。她迅速地看了我们一眼就出门了。我注意到她长高了，发育了。说实话，我觉得她比小时候丑多了。当然，之后多年，我应该还见过她，只是我不太在意了，没什么特别的印象。我对她的记忆就是她奶奶死时她那冷冰冰的神情。

现在，我居然在家门前遇到了她，我觉得很古怪。她还带着一个孩子，却并非她的，她还没嫁人，仍然住在村里。她手上还提着一塑料袋豆浆，在我认出她后，袋子突然破了，豆浆淋漓，溅在了她的鞋子和裤脚上。不知道为什么，她偏要叫那孩子喊我"叔叔"，即便豆浆洒了一地，她还是一边躲让手脚，一边坚持叫那孩子喊。等豆浆全洒了，那孩子也便如她所愿地喊了我。也就是说，整个过程中，她显得忙乱不堪。我猜想，此次偶遇，一定使她心里很不舒服。突然破裂的豆浆袋子、鞋子和裤腿上的豆浆、不听话的小孩子等等，她的心情一定坏透了。我这么认为，也可能与她年已三十却未嫁人有很大的关系。虽然我没结婚并从不在意，但对于和我年纪相仿而且也没结婚的人，心里总会替他们感到某种凄凉。

  因此,在被她拒绝后,我便没有坚持让她到我家去坐坐的邀请了。最后我要说说我的感受,那就是我总觉得她不是人,而是我们村庄的一缕鬼魂,突然出现在我多年以后貌似热火朝天的生活中。这让我心里很不平静。但我也相信,很快它就什么也不是了。

死　猪

　　1983年，洪水滔天。作为长江小岛上的儿童，我被政府组织和其他儿童及老年人先行撤退，前往市区"避难"。家里只留下正在壮年的父母，他们不仅需要继续照料庄稼，还需要参加防汛。确实像电影里那些又耕又战的民兵。在我们这些儿童老人叽叽喳喳磕磕爬爬乘坐拖拉机离开家的那天，一路上我们看到无数奔往码头的拖拉机，这让我想起小学课本里将拖拉机誉为"铁牛"，也就是说，成群结队的铁牛拥挤在码头的样子，把逃荒表现得十分壮观。同时我也看到每家每户门前的树上都扎了棚屋（普遍高于屋顶），在棚屋里堆积着那些破烂家具和破烂棉絮，一旦破圩，洪水汹涌而至，父母们就会像猴子或蠢驴那样迅速爬上去。时间宽裕或身手好的，将留着下蛋没来得及杀的鸡和没忍心杀的猪也赶上去是可以想象的。然后他们在树上做饭，喂猪喂鸡，和不远处邻居家的棚屋里的人隔着大水聊天吵架，总之，他们会过着和在地面一样的生活，反正我是这么想的。

事实如何，我不知道。多么遗憾（在我看来），那年没有破圩，棚屋没有用上。许多被搬上去又被搬下来的破烂家具经过一个夏天的雨淋日晒，不少都坏了。正是因此，人们懒得拆除它们，于是它给两个月后的儿童们提供了新的世界。我哥哥每天一放学就爬上去，在上面写作业，在上面冲下面撒尿，饭也不下来吃，而是叫我将饭碗放进篮子里他用绳子吊上去吃。我因为太小，没有哥哥帮助，很难上去，所以上去的机会不多。在有限的几次经验中，我第一次看到了自己家的屋顶，上面有几颗牙齿，应该是姐姐和哥哥们换牙时奉母命扔上来的下排牙。

这是之后，暂且按下不表。我们过了江，改乘政府派来的大卡车。许多老人和孩子都晕车了，将出门时吃的稀饭和豇豆吐得到处都是。但即便如此，泪眼模糊中，我们还是被路上的景象吸引了。那些街道，那些不一样的农田和村庄。最后我们在一个稻田里有古代石刻神兽的地方住了下来。那是一个小学，我们生产队的所有老人和小孩都住在一间教室。一个在我看来应该不会尿床的哥们儿，结果每天晚上都要在他奶奶的咒骂声中换一条裤头。这不重要，美妙的是我们可以使劲玩，没有任何人管。还吃面包，天天都吃面包。"我想吃锅巴，"当那些面包开始难吃的时候，尿床哥们儿如是说。他还说："不知道我妈有没有死啊。"

我们的妈妈没有淹死或被洪水冲走，但村里这时候发生了一起诡异的事。洪水没来，二爷家的猪就提前死了。大概因为太热，二爷也没吃，也没有挖个洞埋掉，而是直接扔到了门前的河里。恶臭迅速污染了河水，这使整个村的人整整一个夏天都要到很远的地方挑水吃。咒骂声跟桶里的水一样泼洒了一路。等我们返回家中，水仍然臭着，直到天气凉了下来，它才恢复了清澈。完全耽误了我们回家下河干澡的集体愿望。多年以后，我问过二爷，你为什么要把死猪扔进河里？他说，管他呢，反正我以为肯定会破圩！我要说二爷道出了我们这些儿童的心声。

治 病

十来年前，我们村突然有个妇女疯了，语无伦次，不再贤良，趋于暴力，几个壮汉才能降住。根据了解，她没有什么疯的道理。夫唱妇随，家庭没什么矛盾，儿子品学兼优，不劳操心。到底是什么刺激了这个可怜的女人并使她疯掉？连她丈夫也说不清楚。能看的医院都看了，能吃的药都吃了，总不见好。是不是村子的问题？后来不知谁第一个说起的，整个村子开始人心惶惶。

是这样的，我们村的东边是一片坟地，埋着几乎半个乡的死人。长期以来，坟地对我们村来说一直是块"福地"，树可以砍了烧火，野菜也特别丰饶，低洼处的水塘有肥美的鱼虾。这是别村村民享受不到的"福祉"。但那几年，情况发生了变化，先是最靠近坟地的那户人家因为家庭矛盾有个老头喝农药自杀，紧接着第二家有个老太太车祸身亡，由东到西，各种古怪的灾祸开始蔓延，其后还有先天残疾、癌症暴亡等等。总之，惊悚了说吧，死神开始逞威，坟地开始扩充,死人侵占活人的领地,各种非正常死亡挑战着一辈子只奢望寿终正寝的村民们。

这时候,就有"见过世面的人"出来支招了。他告诉疯女人的丈夫,在南边一个县里住着一位高人,去找他想想办法吧。他可以带路,但为了表达诚意,需要雇车前往,至于费用,但凭香客自觉。丈夫雇的车正好是我堂兄的,为了看一眼高人,我也挤进了面包车。

在我想象中,高人必定须发苍苍,居于深山。没想到两个小时后,我们被带到一个陌生的村子,在一户人家门前停下了。高人亦非男性,而是一位穿着当年流行的踩脚裤的老太太。踩脚裤本是舞蹈裤,甚至可以说是一种修体的内裤,而且对女性年龄和腿型都有特别苛刻的要求,但那几年在中国,下到女童,上到眼前这样的农村老太太,几乎所有的女性都把它穿在外面,以便让人直视她们奇形怪状的腿。此不赘。

我一边看着老太太的罗圈腿,一边打量她的家。没有任何不同之处,照例是纱门纱窗,照例是纱门纱窗关上了仍有个把苍蝇在屋内飞舞。好在堂屋中央八仙桌上的剩饭剩菜上盖着一个还是纱做的罩子,苍蝇们无处置喙——无非是辣椒炒鸡蛋、梅干菜烧肉和清炒丝瓜之类。高人老太太就是伏在这张桌子上哆嗦着身体嘟囔半天开始诊断疯病的。约莫半个小时后,她才脸色难看地抬起头来诉说她的判断以及治疗方法。我已经不记得了,所能记得的是她在伏案的时候,有发梢插入纱罩,哆嗦时那些碗碟彼此碰撞、移动,最后应该已不在原有位置。还有就是,香几上既有玉帝泥塑,也有观音。我隐约想起,这二位似乎不是一个系统的,心下还顿生了鄙夷。不拂我的鄙夷,丈夫没能根据高人老太太的方法治好疯老婆。因为每天要出门做活,后来他只好把她绑在床上。有一天回到家推门一看,疯女人已经死在了床上。

但灾祸仍在村里蔓延。所幸我后来搬走了,听说搬走后不久,我的东边邻居就患上了癌症,现在有没有死,不知道。

在前往县里寻找高人的国道上,还发生了一起交通事故,我们被堵了好一会儿。大家只好下车在路边抽烟等待。国道边是一片玉米地,我记得有一会儿丈夫突然将烟扔了,问我们"你们看到没有?"他说他看到玉米地里有个女人就像他的疯老婆,或者就是他的疯老婆。我们追随他手指的方向看去,什么也没有。"你看花眼了。"我们安慰流出两行老泪的他,然后就把他拖上车继续上路了。

浴　室

冬天来了，只能去浴室洗澡了。我洗澡不泡池子，不搓背，也不上楼大厅里躺会儿。先冲，再打肥皂，再冲，就完了。

我家楼下有好几家浴室，我一般只去最近的，下楼一分钟就到，极近。因为去得多，知道这家情况。很简陋。洗发液、肥皂和毛巾均不提供。如果需要洗发液，得加五毛钱买一包一次性小袋装的那种。其余都得自己带。这样子搞，生意当然清淡。不过让我奇怪的是，自我住这儿五六年以来，这家浴室年年都准时开放，而且老板和老板娘从未变过。一年中，在不开放的日子里，比如夏天，这对夫妻也总是端着一方极小的桌子坐在门前吃饭。有时我看不到他们吃饭，但也能看到老板目光呆滞地看着路人在剔牙。

人少，也可能是漏风，所以他们家的换衣室不太暖和。有个比较瘦的中年人坐在通往汤池间的门口，负责给洗完的人出来递上一块热毛巾。不过他更多地是坐那儿打盹。有时候我光溜溜跑出来，得喊他两声才醒。如果里面那个给人搓背的家伙没活干,中年人就不打盹,而是与搓澡工面对面坐那儿聊天。后者因为时刻准备着给人搓背,一般只穿条裤衩。有的时候什么也不穿,晃荡着个大鸡巴,一点羞愧之色也没有,令人惊叹。总之,这两人一个穿得厚实,一个几乎什么也不穿,谈得一点障碍也没有,相与甚欢。至于他们说什么,方言如外语,不懂。

洗澡的地方也不行:光线太暗,龙头太高,水流太缓,还有地砖太滑。有次带我侄子去洗,小孩子洗澡也歇不住,蹦蹦跳跳的,结果滑倒了,碰了鼻子,血流如注。当时我还真不知道怎么弄,慌了。后来一位泡在池子里的"澡友"出主意,说躺平了就好了。我看了看,也没地方躺,只好把我侄子平放在瓷砖地面上。要补充的是,我的侄子非常瘦,赤裸裸地躺在冰凉的瓷砖地面上,看起来就像一把教室里用秃了的扫帚。这个比喻是我当时想到的,让我非常难过、心疼。所以我也蹲下来陪他,等他稍好点,就赶紧扶他起来,然后穿衣服回去了。

还有次,一个老头晕过去了,也没家人陪同。递毛巾的和搓澡工冲进来,只不过把老头抬到换衣室的桌子上晾着罢了,后者看起来就像条死在沙滩上的大鱼。后来,还是大鱼自己醒过来的。他又爬到水里,但没久留,穿上衣服,以一个衰老的人的形象那样走了。

至于这家浴室楼上是否"有情况",我不知道,没去过,但我确实看到有人上去过。也许仅是一个大厅和几张睡榻，挂在视线上端的大电视音量开得肯定也极小，总之我是这么想的。

说了这么多，我不在于要说一家浴室的坏话。我想，即便我说它坏话，也没什么用。我就这样还咋地，你爱来不来。我所不能理解的是，我为什么每年冬天都会去它那儿洗澡呢？绝不是近的缘故。这个问题我想了五六年了，今年想出了答案，那就是我觉得这家浴室挺好的。

艺 考

因为在一所艺校代课,每年这时候都会冒充考官加入声势浩大的"艺考"之中。由于这是一项"权力",一向不爱负责任的我也不得不提醒自己:这事马虎不得。

马虎不得是因为阵势让人惊惧。成千上万(考生及其家长)的人陡然涌入校园,天气还那么冷,他们集体哈出的热气总让我觉得自己置身蒸汽机火车站。考试开始,家长们是被拒之门外的,尤其是面试或口试,那些适龄的高三男女,基于给考官留下一个"好印象",往往还要把用以保暖的羽绒服脱下来交到家长的手中,浑身哆嗦,轻装上阵。确实,多么青春的身体啊。可叹之处在于,无论是貌美如花还是口若悬河,一个专业的数千名考生中,最终只有二三十位会被最终录取。也就是说,我们势必在此领受什么叫残忍。千里迢迢、举家赶赴、妆容一新、准备充分、发挥满意、鼓励挫败、欢笑流泪……无非是浪费表情之举,有的连"演习"都算不上。

马虎不得还在于考场上的煎熬。无论是笔试阅卷还是面试口试,作为考官阅卷无数和阅人无数绝对是一项高强度劳动。一个事情如果构成劳动,它就会逐渐丧失审美和拣选的初衷。老实说,你看了无数考卷之后,除了还有识字能力之外,眼前一亮已不再是某篇好答卷所能发挥的作用了,很可能仅仅是考官出去上了趟厕所、抽了支烟、发了几个短信之后才可能存在的幸运。而口试,考生们搜肠刮肚、精心构思的故事,通过某种表演式的方式讲出来,在疲惫不堪的考官那里,也很可能仅仅是一张一合的嘴而已。铺展开去,就是拥有这张嘴的男孩或女孩有张俊俏或平庸的脸蛋以及高矮胖瘦穿着得体与否。说白了,俊男靓女永远都是首选对象,"心灵美"永远都是那么不堪一击。

我的意思是说,考官理应尽量避免上述问题,在众多考生中挑出最合适的人选。不过,恰恰因为上述,你又会发现,上述"问题"是完全无法避免的。换言之,不仅艺考,可能所有考试都存在这些问题,残忍、荒诞及所有"不公"可能才是这个世间的真实状况。

当然,在此境况下,还有另外一个真相,那就是众多考生有很大一部分并非源自对文艺的热爱,很可能仅仅是他的文化成绩并不理想,借此碰一碰上大学的运气(艺校录取线普遍低于综合类大学)。没有任何阅读量(文学和电影)的学生充斥于我所在的戏剧影视文学系的考场。相比之下,那些临时抱佛脚在庸人指导下急就章式地看了几部作品就跑来碰运气的孩子,其功利的动机和浅薄的判断徒让人反感。而那些出身于所谓文艺家庭,自幼倍受家长折磨,表面上颇有文艺素养、实质毫无天分的孩子,只能让人黯然神伤。

俗 人

用了三年多的手机越来越容易坏，只好买个新的。无论横向还是纵向比较，都不算贵，一千出头。是诺基亚智能机，微博、微信什么都有。当然，现在没几个手机没有这些功能的，而且各种山寨和杂牌子的更便宜，某种意义上根本无需花一千多。花一千多，仍然说明自己在很多方面不够坚定。

比如还是依赖品牌及其保证这种东西。我一直在认识的人面前号称自己压根不追求品牌，这确实体现在很多方面，那就是我从来不买名牌衣服和鞋子，也不会往心里去。直说吧，我大概是二十六岁的时候才具备了区别耐克和李宁的判断力。但这个手机还是让我暴露了，起码暴露了在某些方面我心目中还是有品牌，不在彼，就在此。最要命的是，我认识到自己还是中了广告的毒，中了这个商品社会的枪。自命不凡或自以为是确实是经不起考验的，一戳就破。

当然了，我也可以说，这款诺基亚在造型上比我看过的其他同价位产品要好看那么一点，起码符合我的审美倾向。也就是说，它在我这里，性价比较高。不过，问题没那么简单，什么叫审美倾向？它是否指涉的仅仅是一个爱慕虚荣的人对自我的修饰？和一个农村妇女戴一朵花真的有本质区别？在这层追问中，我必须痛苦地承认，一切自我审美标榜都是不堪一击、轻贱可耻的。

总之，买手机这件事，让我对自己大失所望。有点自取其辱的意思。岂止不够坚定？简直庸俗不堪，典型中国俗人。

去年我在德国的一所大学待过一个月，印象深的就包括手机这种东西。中国留学生几乎个个使用 Iphone 4，此外双肩包里还有 Ipad 或苹果电脑，那些欧洲学生就显得可怜多了，都是老掉牙的在中国早被淘汰的手机。有个叫艾瑞克的哥们儿，家里是牙医（牙医在欧洲可是高收入），但他使用的手机可以说是最原始的那种，连彩屏都不是。此外，下馆子吃饭，这哥们吃了个七欧元的披萨就抱怨了半天（我当天吃了十四欧的一顿牛排），这到底是抠呢还是勤俭持家的美德？我不能说外国人都这样，但艾瑞克那种使用破手机既不引以为耻也不引以为荣的淡定模样在德国还是极其常见的，让我颇感讶异。这世上大概是真有毫无虚荣"不为物役"的人，也许也不是艾瑞克，但绝不是我以及我认识的许多人。

上次去北京，和狗子吃饭，发现他使用的是一款"老年手机"。这是我自己命名的，就是说他那种手机除了打电话和发短信，别无他用，而且为了应付老花眼，按键数字和屏显字符都非常大，老年人不用戴老花镜，甚至不用将脑袋向后移（或者拿手机的手向前伸）就能简单有效地操作。老实说，我虽然没问他何以至此，知道他不至于穷到连个功能稍多的手机都买不起，但心里还是在暗暗思忖：这是否是另一种自我修饰（诸如时装界的古拙风）？或者是他真的老花了那对狗眼？这得下次问问。

金老师

零几年的时候，我为书商编辑过一套散文随笔文丛。不是某几位作家的作品集，而是古今中外那种选本。确定选题，拟定思路，分册分人。每人负责几册。先海选文章，然后归类，拟一份目录提交。大家商量一下，一致通过，即将那些文章从其他书刊上剪下来，粘贴、装订，成了。这个活其实挺简单的，干起来并不费劲。唯一麻烦的是需要给每篇文章写一段两百个字的导读，因为这套书面向的读者是中学生。大概也正因此，和我一起干活的，还有一位南京下关区教研室督导员金老师，他长期从事中学语文教学和教科研工作。

金老师，头发花白，身材臃肿，步履沉重，语速缓慢，较之同龄人，略显"憨"。看稿子时他需要从口袋里取出老花镜戴上，在讨论的时候，他也不会取下眼镜，就这么略略下移眼镜，眼球像翻越镜框那样看着我们。这使他看起来相当有求知欲。

具体我不太记得了，金老师拟定的选本，就目录看，比较"死板"，每篇写的导读文字在我们看来也很"干燥"。书商是不喜欢他这种做法的，书商想的是市场，是"阅读时尚"，而我们的金老师却和一位从未出过校门的老教师那样对这些浑然无知。我虽然没有对他的选本提出过看法，但心里确实是不以为然的。对于他夸奖我导读写得"很有文采"，也一笑置之。

好在工作总算干完了，书也出版了。我们拿到了钱。至于书在市场上卖得怎样，我们是用不着去想的。没想到，这时候金老师却邀请我们去他家做客。

金老师的家位于南京下关区一个在当时还算很偏远的地方。落成不久的小区，周边也没什么配套设施。地面上到处堆积着水泥黄沙之类的建筑材料。刚下过的雨，使路很不好走，需要我们跳跃前行。即便如此，鞋子和裤管上还是溅了许多泥点。这一切使金老师的家显得很不好找的样子，但终于还是被我们准确地找到了。

就是一套三居室，装修也一如金老师其人。沉重的红木或仿红木家具使他的家显得异常冷清。确实如此，这时候我才知道金老师无儿无女，只和同样是中学老师的妻子相依为命。后者在厨房忙活，正给我们蒸螃蟹。金老师还带我们去了他的书房，整整一面墙的书橱，里面都是一些久远泛黄的书刊。而我们刚刚编完印成的丛书，花花绿绿地堆积在一侧，极不协调。出乎我意料的是，金老师还是一位"南社"研究者，在同人期刊上发表了大量的研究文章。起因是他那位正在厨房蒸螃蟹的妻子是南社某位重要成员的后人。

吃螃蟹时，金老师陪我们喝了点酒。但很少，他不能喝酒，有一些中老年人不宜饮酒的疾病。也不知道他在患这些疾病之前对酒的态度。饭后，天已放晴。秋天的阳光照进了金老师家的客厅，为一切镀上了暖色。他还叫我们走到窗前。追随他手指的方向，我们看到了长江。一些轮船漂浮在江面上，吃水很深，几乎静止不动。而过会儿再看，那些船已经不见了踪影。

离开金老师家后，我就再也没有见过他。几年前，我听到了他病逝的消息，让我略感惊讶。又听说他死时还没到退休年龄，也就是俗话说的"没享到福"，我不由地也替他惋惜。但也仅此而已。又过了这么几年，我觉得自己已经把金老师彻底忘了。

有一天，和平时一样，起床，上网，打开邮箱，一封发件人为金老师的邮件赫然出现在我的邮箱里。打开看，并无什么内容，而且我很快明白，这只是常见的网络系统问题，并非金老师来自天国的邮件。当年我们编书的时候，有过电邮来往，这只是一种网络记忆罢了。但"收到"金老师的邮件，我还是感到一股难以描绘的胸闷。

领　导

　　活这么大，我的工作经历不多，所以我的领导也不多。有些工作干得很短，领导于我可有可无。所以现在想来，我对领导的直接认知，就是我当教师时的校长。

　　理论上我当了十来年教师，其间我中断工作出去念过书，搞过"停薪留职"（类似），甚至还吃过一段时间"空饷"，总之我不是一个踏踏实实的"群众"。我的领导也一直对我感到很难办，同事对我也有种种与我无关的意见。为什么这么说呢？在我看来，我自信和所有同事素无恩怨（有的几乎不认识），而他们对我的所谓"意见"，无非是他跟领导斗争和讨价还价的工具罢了。后来，真有一个同事曾向上级举报过我，弄得领导受到他的领导的批评，而我则受到领导的"最后通牒"，赶紧跑回去上了几天班。

　　在那些正式身份为教师却不教书、在社会上"自由飘荡"的日子里，我自然是和同事没有任何往来，与单位的关系仅仅是和领导个人的单线联系。所以在我那时看来，领导身兼两职,既是领导,也是同事。比如单位里的事,我都是直接通过领导打听。与此有关,有的时候,我还出现了一种可笑的幻觉,认为自己也是一位"脱离群众"的领导了。

十来年中,我先后跟三位领导打过交道。他们个人性格和为人处世的方式各异,但在我看来都是还不错的人。并无新闻中那些贪官污吏的劣迹,亦无堕落腐化的行为。他们只是普通人,曾经乃至现在仍然是一名课堂上的教师,其次才是领导。而后者又往往是他们几十年作为前者的任劳任怨、苦心经营和最终受到上级赏识提拔所致。可以说,他们之所以能够成为我的领导,都是一步一个脚印爬过来的(就不说爬上来了),他们在教育岗位上干了大半辈子,还会继续干下去,直到退休,届时在路上在超市被学生遇见还会被亲热地叫一声"老师"。这就是他们的已经完成的局部人生和未来的一切可能性。

在刚当教师的时候,我即已认识到了这一点。我对这种平淡庸常的人生并无敌意,内心还经常泛起类似感动的东西。因为我知道,平淡和庸常是一个真相,无论你干什么都是如此。一如我的父母,他们当了一辈子农民,一个中年早逝,一个还活着,后者现在为自己的儿女都有了自己的活路而感到欣慰。这又有什么不对的呢?而我最终没有当教师,倒并不奢望自己能从平庸之中跳脱开去,而仅仅是希望更接近自己的喜好和能力所及,或者是我根本就不知道自己能干什么。

  我记得有一年，当时的领导突然叫我去吃饭。到了地方，他没有出现。打电话问，他叫我稍等。我坐在饭桌前足足等了一个小时，他才像往常那样夹着皮包出现。但与往常不同的是，他的脸色不太好。他告诉我，之所以叫我等了一个小时，是他刚从教育局回来。在局里，在他的领导面前，他被宣布免职了，也就是不再是校长不再是我的领导了。他年过半百，两鬓斑白，饭馆里的过堂风吹着这些白发，让我的心情很不好受。他也很不好受，但却故作潇洒，妙语连珠，频频举杯。然后我们就都喝多了。

登栖霞

第一次登栖霞,是我刚教书不久。学生秋游,作为班主任,当然需要干些领队和清点人头的事务。我那时候很年轻,年轻得让我现在觉得可怕。只见我把学生塞进山门后,就累得像爬过一万次栖霞山似的,连朝山门里看一眼的兴趣都没有,只在门外找了块石头坐了下来,直到学生们按照之前的时间要求在我面前集合,然后,打道回府。现在,我对那个年轻的自己感到困惑。我何以至此?怎么会对佛家胜地漫山红叶如此漠然?我不知道如何解释这个问题。面对年轻的自己,我不能说有唐僧在凌云渡看见自己肉身随波漂流的喜悦,但愕然,乃至惊恐,是绝对有的。不谈这个,谈工作态度的话,我肯定不是一个好教师了。所以,第一次登栖霞的这个"登"字是不存在的。

多年以后,还是秋天。一个外地朋友希望我带他去玩,也不知为什么(或曰冥冥之中),我立即就选定了栖霞山。在山门外下了公交车,一条壮汉就挡住了我们。他的意思是，如果我们能给他四十块钱，他就可以用停在不远处的黑色桑塔纳把我拉到一个山脚，从那里上山，可不需要门票。我凭借有限的算术能力在心里掂量了会儿，觉得这是一笔不错的买卖。于是我们就在山脚一户民房那儿下了车。然后由一位笑容和蔼可亲、矮矮胖胖的老太太领着，来到她家围墙那儿，墙外就是山。她还关切地给我们端了个凳子。看凳面层层叠叠的脚印，想来不少"前辈"接受过她的关切。出乎我们意外的是，在我们就要逾墙而过的当口，她拉住了我们，希望我们能给她两块钱凳子损耗费。

这次可真叫"登山"。虽然荒山野岭之中早有"前辈"给我们走出了一条羊肠小径，指明了方向。但其逶迤其曲折其坎坷其艰辛，委实让我们体会到了不走运的人生之路是个怎么回事。当然，这种山道也有它的好处，那就是我们确实看到了许多未经雕琢的林木和岩石。这一点稍微抵消了我们对艰险的抱怨。当我们终于顺着"前辈"的指引大汗淋漓地上了水泥砌就的盘山大道时，两个胳膊上有箍的工作人员已经耐心地等了许久。不知何时，他们已经为我们准备了不多不少两张全额门票，并说，没有对我们罚款已算格外开恩。

既然如此，我们只能堂堂正正地在山上游览了起来。漫山红叶确实悦目，江上的千帆确实让我们想到了"名来利往"的古代对话。还有栖霞寺，千佛岩洞窟的破坏让人触目惊心，但古意犹存，佛容如见。印象最深的是毗卢宝殿前那两株银杏，正当季，颜色趋于帝王专用的明黄。其时已迫黄昏，光线、钟磬、香烟以及虔诚的跪拜所组合的环境中，我被这两株树震撼到了。感觉它们就是神或佛的本身，庄严、宽和、优美；枝叶婆娑，若闻尘外之音。

下山之后，我的朋友没有提及被骗多花钱的事，只说此行不虚，挺好挺好。我觉得他说的基本也是我想的，并非常肯定地想到，我以后肯定还会来的。

果然，2014年8月，应所邀，三登栖霞。

这趟不是游客那样的玩了，而是住，住庙里。2011年我也曾在连云港的海宁禅寺住过几天。在海宁禅寺那次，虽然也在斋堂吃素，但屡有人请，几乎每天都下山赴席，然后回寺，酒气冲天地醉打山门。"醉打山门"当然是一个夸张说法，我们没有鲁智深的豪气，只说其中的不敬是可想而知的。

这趟栖霞古寺，当然没有酒席可赴。三餐吃素，饭量剧增，并在每餐开饭之前深刻体会到了饥肠辘辘的感觉。至此恍然领悟记忆中的印象：我们的父辈为什么那么能吃，我们小时候为什么总是觉得饿，以及"油水"的重要性和比喻义中所谓"肥缺"的难得。

似乎真是油水不足的缘故，随众参观寺庙及山中奇景的时候，我总是气喘吁吁、两腿发软。提前暴露了老年人应有的体虚。后经一位朋友的指点,我才猛然发觉事实似乎又并非如此。他的所谓指点,就是一个提问:"你平时运动吗?"

这个问题的陡然出现(我指的是在山寺这一特定场景中),让我十分尴尬。我想了想自己山下的人生:若干年来,我除了每天吃饭睡觉,无非是坐在电脑前敲敲打打,偶尔听从电话的召唤赶赴各式各样的饭局。虽然我也在游泳馆办了一张月票,但游的次数并不多。游泳池里人太多了,不是自己游动时撞到人,就是被对方一脚踹在头上。这几乎成了我花了钱却不太去游泳的借口。当然,我不会愚钝到把"运动"和游泳等同起来的地步。也就是说,我没有任何运动,坐在家里听凭自己发福长胖、情绪逐日恶劣起来,并清晰地看到了一条堕落的曲线。这一自觉或自省当然不是在山上才有的,但在山中,它变得明晰起来,确凿起来。现在站在山崖之上,俯视山下的那个自己,确实觉得后者真是可怜之至。如果这一点小小的体会也能堪称顿悟,我确实应该要感激佛的大慈大悲。

基于此,我似乎也领悟到"苦修"二字的含义。人生在世,无论在家出家,都是一个修行的过程。"修"绝非佛家独有,也是儒家以及其他智慧极力推崇的方法论。而"苦"所对立的显然是放纵、恣肆和暴虐。唯苦才能获知清静自然。"苦"既是修的方式,也是修的内容。所谓"克己复礼"亦应此理。照此看来,玄奘西行,历经苦难,最后取得真经,这真是一个极好的象征。数万里艰难行程,走完它本身就是在修。某种意义上,取得真经只是一个对其苦修的肯定。它更趋向于精神,而非物质层面。

所以临走那天上午,大殿里正在做法事,我特意跑去观礼。放在以往,我是不感兴趣的。只见僧众居士们,整其衣容,肃立两侧。当钟鼓响起,领诵和尚亮开嗓子,僧众居士紧跟齐唱之际,我确实体会到了震撼。在庄严的钟鼓和诵唱声中,也有游客不断进入跪拜。我注意到一个中年男人跪拜了,其身后的小姑娘也遵照他的要求学着他的样子跪了下去。我想,他们应该是一对父女。但不知道为什么,"父亲和女儿"这五个字当时一俟出现在我的脑子里,就让我把持不住,感动得眼泪差点夺眶而出。

在柏林

和哥廷根、汉明顿这样的小城市不同，柏林是大城市。这种大是以中国那样的人头攒动和垃圾随处可见体现的。德国小城市可不这样，你几乎看不到垃圾。也就是说，大，带来了管理上的难度，也更包容，容忍垃圾即是其"度量"。

在电影中，或者在我的"印象"中，柏林是阴翳而诡秘的地方，男人们穿着风衣，神情忧郁而又歇斯底里，因为有过希特勒的统治和《柏林谍影》那样的作品。现在当然不是这样，或者从来就不是这样，它就是一个首都那样的城市。和北京一样交通发达，或者比北京更加发达，起码我没有看到拥堵。树木的茂密也使柏林在某些地方类似于南京，那些并不宽敞、同样曲折的街道。当然，这也许为冷战中双方的间谍提供了"天然"的隐匿方式。

之前，在法国的朋友劝我去巴黎玩。他表示德国是战争摧毁的地方，巴黎这样的城市才能看到真正的欧洲城市文明。确实如此，战争的创伤在柏林随处可见，最典型的就是议会大厦。它目前徒有其表，内部完全是玻璃结构和现代化设施。当年英国和美国的飞机不断盘旋于柏林上空（形象的说法是"希特勒的巢穴"），投下了难以计数的炸弹。一座历经数百年经营并为1936年奥运而进行炫富式、示威式整修的辉煌都市毁于一旦。当然，柏林重建起源于前东德时期（当时柏林大部分在东德掌控之中）。为了向西方帝国主义展示某种优越性，弹坑和炸洞以及被摧毁的一切很快就被抹去，取而代之的是苏联风格的宽阔大道和规整建筑，比如卡尔·马克思大街。那确实是一条"模范马路"和"示范街"。东欧社会主义城市美学一览无遗，誉之为东德的"长安街"可能更为形象。好在两德统一后德国政府并没有基于意识形态拆除这一切，包括广场上马克思和恩格斯的巨大铜像，依然须发浓厚，一坐一立，革命情谊地久天长。

至于柏林墙，比之中国长城可能更加著名。它们虽然被拆除了，但在原有墙体地基上有标志物明确表明了它们曾经的赫然存在。此外，残存的墙体并不罕见。涂鸦艺术家们在上面涂满了各种图案和文字，色彩鲜艳欲滴，完全看不出它象征着隔绝和恐怖。唯有被射杀的逾墙者的遗像在提示我们这里曾经发生的故事，以及路人献上的、已经枯萎的鲜花表达着不为人留意的哀伤情绪。

尤其让我喜欢的是，德国人对待所谓文物古迹的态度。他们似乎一点也不爱护这些"有教育意义"的废墟，并没有将它们圈禁起来招徕游客，而是物尽其用地至今仍在使用这些房子。不仅柏林如此，我去过的其他德国城市亦然。还拿议会大厦举例，外观上，它还是古老的模样，内部因为炸毁，重新设置后仍是议员们发生争执的场所，和一百年前一样，喋喋不休，聒噪不已。

我不知道去了巴黎，我会怎么看待关于"欧洲城市文明"的问题。实话实说，我喜欢柏林这样的城市，不仅因为它适合中国人在这里停留（可以通宵吃喝，可以乱扔烟头），也喜欢它是一座记忆力很好的城市，一座历史和现实交叉、相看两不厌的城市。

缇娜·杨

一天夜里，我和朋友已经吃过饭喝过酒了，二人处于微醺状态，但我们考虑到明天就要离开象岛，而我们恰巧是喜欢喝酒并对象岛特产 chang 这种啤酒感觉不错的人。所以我们决定再次走出酒店到街面上看看还有没有可以喝酒的地方。当然有，那些打扮妖娆的陪酒女还站在路边，她们依偎在身后的灯红酒绿和火爆音乐之上，从傍晚就站在那里，向所有经过的游客招手，但绝不拉扯。她们已经学会了使用英文、日文、韩文和汉语向她们心目中的游客表示邀请。但我们可能怯于此吧，终归没有应邀前往。朋友的意思是，我们最好找一个能够吃海鲜的地方，象岛的海鲜诚如他所说"太好吃了"，吃完喝完，睡上一觉，明天出发，也许永不再来了呢。

可是，作为佛教国家的泰国，晚上 10 点以后，很多商店一般不再卖酒，但作为面向外国游客的生意，他们也能通融。问题是，此时所有的饭馆都打烊了，这是绝不通融的。

我们沿着简陋但整洁明亮的街道（有头顶的繁星和明月为证）走了很久，除了那些路边招手的陪酒女，没有找到一家可以吃喝之地。我们正在考虑是回去睡觉还是去应那些陪酒女之邀的时候，柳暗花明，居然出现了门口摆满海鲜的一个店面。这是一家相当简陋的店，与我们之前吃饭的地方判若两境：没有任何装修，只有一张桌子，此时也无食客。我们在桌子前坐下点了几道菜后，看到有几个本地人来这里选购海鲜，这才想到店主经营的大概并非餐饮，而只是向别人批发售卖海鲜。不知出于什么，他们居然为我们烹制了那几道菜，而且味道不逊于正规的餐馆。

不过，这家店里没有酒，酒是老板娘请一位飘然而至的姑娘帮我们去超市买的，价格也一如超市。这个姑娘穿着一条吊带碎花连衣裙，长发盖住了半边脸，笑容可掬而又腼腆之极。她只出现了一次，但让我们印象深刻，仿佛是邓丽君《南海姑娘》里的角色。所以我们吃完决定去找她，而她就在隔壁。

隔壁和前文所述的情景一致，灯光摇曳，音乐巨大，三个陪酒女站在门前，那个姑娘正是其中之一。这完全出乎我们的意料。此时街面冷清，店中也无客人。我们的到来让她们非常高兴。她们希望我们从酒柜上那些洋酒中挑一样由她们陪我们喝，但我们知道很贵，所以继续要了chang，果然比刚才在隔壁海鲜店里喝的要贵一些，但在我们接受力之内。再次让我们出乎意料的是，刚才帮我们烹制海鲜的老板娘此时又站在了酒柜面前。看来她既是那边海鲜店的老板娘，也是这边酒吧的老板娘。而在那边喝的chang是超市价，在这边喝的却是酒吧价。她分得比我们清楚，这让我们十分感激。

是的，我们是奔吊带碎花连衣裙姑娘而来的。她叫缇娜·杨（Teena Yang），身材苗条，皮肤比普通泰国人要白一点。她说她是马来西亚人，而她的父亲则曾经是中国人。她会说一些汉语词句，也能在纸上写一些汉字。我应该是喝多了，也张狂了，我感到一种美好遍布我的周围。在笔谈中，我居然无耻地给她写了这么一句话："你可以嫁到中国来。"次日酒醒，我就后悔了，象岛多好，何必中国。

我的骷髅

去医院植牙，塞到骨头里一个东西，拍CT。然后和医生坐在一起欣赏自己的CT图片。我看到了自己的骷髅。

真的非常清晰，正是我头骨的全貌。牙齿比我想象的要细长许多，它们就像一根根铁钉那样被人工敲进牙床骨骼中，而非长上去的。其他就是眼窝、下颌和鼻骨等所有骷髅所具备的元素。长这么大，我只在影视作品和生物实验室看过人的头骨，而且可以肯定的是，都是别人的。在现代科技之前的认知伦理中，一个人是没法看到自己的头骨的。感谢科技，它让我亲眼看到自己的骷髅形象。可能是环境原因，自觉毫无违和感，没有惊悚，十分喜气。

值得庆幸的是，我没有发现头骨的形象与照镜子时所看到的面孔有任何相似点。我对自己的相貌并不满意，也谈不上讨厌，天生如此，我能怎样。而头骨，却和我所看过的所有头骨并无二致（当然，理论上每个人的头骨都有不同）。真是一个标准的头骨啊，真是一个标致的骷髅啊。如果能摸一把就更好了。我甚至想激动地断言：人有美丑，头骨没有，个个貌若天仙。

当然，我并不想矫情地表示"头骨才是一个人的真相"。骨骼和真相或许有部分关系，比如"骨相学"和"骨气"什么的。在欧洲中世纪，战争和黑死病导致的大量死亡，教堂收殓了那些路边尸骨，因数量众多，教士还曾经使用人骨建造和装饰教堂，人骨吊灯，头骨祭坛等等，就是所谓的人骨教堂。不过，在绝大多数的描述中，尤其是中国的故事里，都没有将灵魂附着在骨骼上。或许没有皮肉的包裹，骨骼太空荡了，就像一间没有瓦片的房子，风风雨雨，它是漏的，是没法让灵魂"栖居"的。看样子灵魂更热爱血肉，而非骨骼。"昔人已乘黄鹤去，此地空余黄鹤楼"，灵魂出窍飞离之后，人剩下的空壳不是肉身，最终是骨骼（火化另算）。

问题的关键在于，人为什么能够一边啃着鸡爪子鸭脖子一边对看到同类的骨殖感到害怕？通常的解释是对于死亡的恐惧。这当然一点问题也没有，求生或怕死确实是本能。但这一本能显然也并不能涵盖一切。就我所知，自杀不仅在人类世界与日俱增，动物界也时有发生。动物就不说它们了。人的自杀是否可以通过这一本能加以阻止？也就是说，当我们劝诫一个矢志跳楼的绝望人士，抬出一架白瘆瘆的人骨能管用吗？

我不禁想到前段时间被人们不厌其烦悼念再三的诗人海

子。1989年他只身前往山海关的时候,一定途径很多荒山野岭。不知道在其赴死的道路上他有没有看到一具人骨一截残尸,如果看到,是否曾经动摇过他的意念?我相信他应该动摇过,像许多留下自杀日记的人那样纠结不已,无论有没有看见他人的尸骨。但这些动摇都没有改变什么。也许正是这些动摇在另一个方向把他向死亡推进了一步。在厌倦、绝望或某些形而上追求面前,本能似乎是一个小丑,需要加以蔑视、嘲讽和狗血喷头式的诅咒。

残酷之夜

几年前,在我以前住的那所房子里,一天早上,当我酒醒起床打开房门的时候,懒腰和哈欠大概还没有搞完,就呆住了,因为我看到客厅地板上有一溜脚印。看起来就像我昨晚喝酒进门连鞋也没脱就直接冲进房间上了床。这是不可能的。首先,我的脚没这么大。其次,我的鞋底没这花纹的。最重要的是,我醉后比不醉在某些方面会更清醒。比如说吧,我的成长史就是一部丢伞史,但每次酒后醒来,带出去的伞都被我带回来了。还有一次,次日醒来,照例什么都忘了,忘了怎么回的家,忘了酒桌上某个人姗姗来迟后发生的事,但次日我却发现存留几日的脏碗筷被人洗了,家里没有第二个人,显然是我带着酒意,看到这些就怒气冲冲地干了。不仅干了,我还归置了它们,使它们摆放得更加有条理,使整个厨房看上去更加明亮。而在不脱鞋这方面,我完全可以拍着胸脯发誓,从未有过。因为我记得有一次醒来,我是躺在门口地板上的,一只鞋脱了,另一只鞋还在脚上,而这只没脱鞋的脚在醒来后仍然摆放在换鞋垫上。这显然是因为另一只鞋没力气脱而自己太想睡觉就这么办了的办法。去年我搬家的时候，搬家公司的人就这么大踏步地进进出出，无比坦然地在我拖了整整十年的地板上留下混乱不堪的脚印。虽然那个房子已不再属于我，当时看到这一幕，我还是很不好受，觉得人活着真没什么意思。

回到当天早上的脚印。它确实不是我的，因为我很快发现客厅沙发上的数码相机没有了。这显然是一起撬门入室盗窃案件。我所奇怪的是他脚印的方向，终止于我的房间门口，就返身走了，并没有推门进来。我可以想象他侧过脑袋用耳朵贴在我房门上的样子，他听到了我的鼾声。他不愿意把我吵醒，不愿意和我搏斗，就算搏斗，在他看到我体形之前，也没有十分的取胜把握。他可能当时已经得手了一部相机，觉得无需冒险，也可能他觉得无需冒险，才在客厅里找到了相机。总之他走了，给我留下一溜脚印。我当然没有报警。我的亲人甚至断言，是数码相机救了我一命。

前几天，南京发生了这么一起案件。一对老年夫妻，半夜被入室窃贼给捅了，一死一伤。我不至于惊讶，但立即想到几年前的那溜脚印。所以几年前的故事可以在想象中是另外三个版本：

1. 他推门进来了，因为醉得厉害，我并没有醒。于是他翻箱倒柜，找到了我的钱包，并将其中几百块现金揣走。如果他是一个有趣的人，临走可以踹我一脚骂我一声"死猪"。

2. 他推门进来了，我醒了。我们发生了搏斗。

（1）他比我厉害，我被他打死了。

（2）我比他厉害，他被我打死了。

3. 他推门进来了，我醒了。但我装睡。他找到了我的钱包，将其中几百块现金揣走。他走后，我哭了。他踹我那脚骂我那句，让我一辈子都没法抬头做人。

公交车上

我没有车,也不打算买车。这与贫穷无关,而理应解释为懒惰。我不愿意忍受驾校师傅的训斥,也不愿意为寻找车位而显得自己过于积极。另外,因为一向路盲,所以我不打算学会认路及辨识那些繁琐的路标符号。当然,我也可以这么说,我不愿意自己的脸上出现"有房有车"的满足感和疲惫态,如果那样,照镜子时,我会觉得自己越发地丑陋。

和绝大多数普通市民一样,作为他们的同类,在市内出行,我更多的时候是选择公共交通工具。不过,地铁的修建可能还不够发达,或者它永远无法满足置身穷街陋巷的人一出门就能找到地铁入口的愿望。所以,在公共交通工具中,我或我们更倾向于乘坐巴士。比之出租车,等待中的焦躁、座位的争抢、行驶速度的拖沓、车内环境的拥挤和窒息感,一直被我默默接受着,而绝非忍受。就是这样,乘坐公交车就是这样,我如此告知自己,并且认为,如果公交车上的一切发生了变化,那将是一件非常重大乃至足以令人震惊的大事。

所以在某种意义上,我对巴士情有独钟。我习惯了在车厢内向美丽的异性接近——对天发誓,我绝对不会干出出格的事来,我只是觉得这样会更加美好——也习惯于给刚刚上车的老弱病残孕让座。尤其是那些圆头圆脑或扎着小辫叽叽喳喳的儿童,如果他们不是有大人带着,我可能会把他们抱到自己的腿上。他们都是那么可爱。孩子和树一样,没有一个(棵)是丑的。

如果不坐车,散步,有时我还热衷于路过公交车站,与站台上乘客们翘首等待的巴士同方向行驶。只是我不会像巴士那样在他们面前停下,而就这么匀速地路过。这每次都让我觉得自己就是一辆巴士,而我这辆巴士因为没有停下来径直开了过去而让我体会到某种难以言喻的幽默感。

我还喜欢偷听乘客的交谈。喜欢两个相识的乘客在巴士上偶遇时所爆发出的欢快情绪(无论真假)。他们互相寒暄,过问对方的个人境遇或家庭境况。有时,他们热烈的交谈会一直持续到某一位下车。而那位没有下车的人,不管他是松了一口气,还是向下车的人频频挥手,在车子再次启动之后总让我觉得他是那么孤独。当然,有时候,巴士上也会发生争执,因为拥挤因为座位因为车窗的开启问题,争执会因为双方的绝不退让(前提是他们通过打量对方而觉得势均力敌)而逐步升级。粗言秽语、恶语相向,期间无不用眼光向其他乘客寻求支持，可惜乘客大多不爱掺和，纷纷偏过脑袋。实在听不下去的时候，往往才有一位貌似德高望重的老者出来规劝。老实说，我对这种争执既没有不屑之情，亦无任何不敬之处，我觉得它是自然的一部分，就像鹅卵石是河流的一部分一样。它或许没那么正确，但绝对是"对"的。在我这个旁观者看来，他们都是"有理"的人，他们都试图努力地讲各自的道理，只有在讲不通的情况下才会诉诸拳脚。

有一天，我在公交车上睡着了，这当然时有发生。不同之处在于，我还做了许多梦。这些梦就像临时栖息在一棵树上的乌鸦，它们的一哄而散发生在我后来陡然的惊醒之际。在惊醒的瞬间，我还清晰地感觉到自己并不在我落座的塑料椅子上，而似乎一直飘浮在车窗外（与车速同步），以一种深邃的目光注视着昏睡在车内椅子上的自己，并好像还下了一个判断："这是一个疲惫的人啊。"而最终我在椅子上的惊醒使窗外的自己略感吃惊，然后就没有了，那个窗外的自己。

祖父之死

我的祖父赵绪材，文盲，农民，安徽庐江人。生于哪一年（1911？）我忘了。死于1985年。大约是20世纪40年代左右，他携妻儿迁至南京北郊，投奔一位叫赵子园的本家叔伯。赵子园是地主，据说我祖父当过其管家，并获赠几十亩地。好在这些地很快就被祖父败掉了。按祖母生前所述，全部扔进了秦淮河钓鱼巷婊子们的屄里，那可真是无底洞。也就是说，1949年土改，我家有幸被划为贫农。

也许是我太小的缘故，印象中我的祖父身材高大，驼背，微跛，长眉，哮喘，一袭民国年间的长衫穿到了80年代，可谓玉树临风十分之酷。我不记得他干过农活，其时已靠两个儿子赡养，月供逾期不到，儿子家的大门板就要被他卸下以示警戒。所以，我所知道的祖父，是一个清晨坐在河边钓鱼的老头，是一个一瘸一拐打麻将去的老头，是一个傍晚坐在门前用清蒸昂刺鱼下酒的老头，是一个口袋里有花生蚕豆从来不给孙子们一粒的老头，是一个以打骂童养媳老婆为乐的老头。他是这么死的：什么病送医院，后来出院我妈拖板车去接他。阳春三月吧，路上太阳挺刺眼的，他对我妈说："大嫂子（以我二婶的口吻），晒死了个人。"回到家当天下午就死了。

他死的时候，我们正在上课。然后我的叔叔站在教室外面，把我叫了出去。我的哥哥和其他两位堂弟兄已经分列其左右。他告诉我们，祖父死了。我们兄弟四人分别咧嘴表示要哭，但被叔叔制止了。然后他带着我们回家。我们没有沿大路回家，而是抄近路也就是田间小径回家。我们穿越金黄的菜花和碧绿的麦浪，等到了家我们无不发现鞋裤跟染了屎一样。在路上，我们还遇到一个叫小三怪的家伙，此人年纪比我们虚长几岁，不念书，专职搞鱼摸虾。正是因为虚长几岁，他特别热衷于欺负我们。这下好了，我们不仅兄弟四人俱全，叔叔也在，更主要的我们的祖父死了。后者赐予了我们力量，我们冲着他叫骂道："小三怪，你妈屄！"

因为父亲是长子，所以灵堂摆设在我家堂屋，可巧是祖父正好躺在他热衷于卸下的门板上，看起来就像他自己卸下然后躺上去一样。我们这才放心大胆地哀号，以逞孝子贤孙的劲道。但确实也没有谁搞清楚这事是不是真的需要哀号，到底有什么值得难过的？

整个丧事期间，除了"我们的祖父死了"让我们感到自豪外，印象深的是邻居念过私塾的老头正在写孝幛，也就是

"某某某敬挽"之类的。字确实不错。这个老头1949年前花钱捐过一个国民党少校,有过一把盒子枪,吓退过流氓。文革期间被批斗半死,晚年尤其热爱谈论国家大事。祖父对他很不以为然,认为该老头没有被批斗致死是不对的。也就是说,二老关系很差。没想到一个驾鹤西去,一个却能重拾笔墨写上点"千古""吊""敬挽"这些庄重的汉字,并摇头晃脑自我欣赏不已,也算各得其所。

停尸三日,第四天一大早,祖父就被抬到码头,坐船进城了。回来时,已是父亲怀中的骨灰盒。然后我们把骨灰盒放在一个缸里,再用另一个缸盖住,埋了。当晚,亲朋和村邻齐聚我家,大吃大喝。我记得有一道菜是红烧鲢鱼,那是我这辈子吃过的最好的红烧鲢鱼。多年以来,我多次央求我妈再烧一回那道鲢鱼,都不是那个味。

此时此刻,我之所以没事干要追忆一下我的祖父,是我觉得这会儿自己这日子不太好玩,如果我的祖父能再死一次该多好。

和外婆喝酒

外婆九十二岁了,过年期间进城到儿孙们家住住,也在我这儿待了几天。她身体很好,至今仍是单个儿过。如果在乡下,除了每天中午和晚上喝两杯白酒,下午还有几圈麻将。但在我这儿,麻将打不起来,只能每顿陪她喝点小酒。此外就是让她看电视。

陪她喝酒的时候,多数情况我都是勉为其难。因为我虽然经常在外喝得烂醉,但在家里除了待客,几乎从不喝酒。况且外婆和我年龄和生活环境差距太大,我们之间并无什么可以交流的。如果有,也无非是我假装兴趣盎然地听她说村里的事情,儿子媳妇孙子孙女孙媳妇孙女婿以及重孙们的事情,她老人家的喜悦和不满……它们像过年期间所特有的一盘盘菜那样被端上我们的饭桌,无论是否可口,无论你是否"年饱",我们不免都会夹两筷子。好在母亲,也就是她的女儿就坐在她的身边,前者可以接住她的话,不至于饭桌上太冷太寡淡。

不过，这不表明我和外婆没有相谈甚欢的时候。我记得有一回我们谈到了她娘家曾有一块翰林匾额，让我十分惊诧，没想到我的这位小脚外婆虽然一个字也不认识，祖上还是读书的。也可能恰恰是读过书的，所以她被缠过足，而我那如果活着已有百岁的祖母却是一双大脚。于是，一问一答之间，我知道七八十年前的县城里，她家房子是有两进的，此外还有个粮仓。这样一来，我们就续了好几杯，我喝得有点晕，她也说喝了不少。还有一次，好几年前吧，我们照例又多喝了几杯，然后她和母亲说到了什么，与我有关，我居然在这对母女面前泪流不止。我记得自己是这么流泪的：既不取下眼镜擦拭，也不停下杯筷，就像流泪的人是一把无人乘坐的椅子，起码与我无关。

当然，上述发生的几率极小。更多情况是我们只能让菜碰杯，别无其他。多年以来，可谓一直如此。外婆一如既往地健康，一如既往地没有老糊涂，也一如既往地需要我陪她喝两杯。这种机会每年不多，但总有那么几次。因为过于日常，我并不觉得有什么，正所谓熟视无睹吧。就算她终有一天不能喝酒了，甚至死了，我也不觉得有什么需要悲痛万分的。人终有一死嘛，何况都这把年纪了呢。

这一回，像平时那样，她住了几天就嚷着要回乡下。那就回吧。孙女婿说好开车直接将她送回，时间定在了中午十二点半。所以午饭时她说不喝酒，但我和母亲还是劝了她一杯。这一杯白酒是我看到的她喝得最快的一次。然后她又迅速地吃了半碗饭。孙女婿准时到来,车就停在楼下。母亲送她下楼,我没有出门,而是关上门后想在阳台上和她打个招呼。但等我到了阳台,她已经上车,车正在肮脏的雪地上缓缓离去。是的,雪后初晴,正午的阳光,雪在融化,一些生死不明的植物和一些垃圾在雪水中裸露出来。恕我直言,像酒劲上来那样,我陡然感受到一股难以名状的悲伤。

做　饭

可能是一直有老母照顾的原因，很多年来我都不会做饭，而且想都没想过。所以，如果老母出门去哥哥姐姐家，总是不放心。似乎她一不在家，我就必然会忍饥挨饿营养不良瘦骨嶙峋以至要上演白发人送黑发人一幕似的。做母亲的，很多都是这样。事实上，饿了找吃的对一个人来说是从动物那里继承下来的本能。况且满大街都是卖吃的的，兜里也不至于吃饭的钱都没有，这年头又有谁会真正把自己饿死呢？不过，老母出门后，我确实总是饥一顿饱一顿的。这是因为懒，不想下楼，怕麻烦。所以，出现过这样的情况：老母出门前说好要几天后回，但有时半途会拎着肉菜突然返回家中，而且都在饭点上。一看，我果然没吃，正好，马上做饭。看得出来，她既心疼，又略有小小的得意。这证明了她"没有我你就吃不上嘴"的母性判断，也仿佛让她轻而易举地戳破了我"没有你我饿不死"的谎言，而且是抓住了现场。

因为兄嫂工作忙，侄子正在中学所谓的关键阶段，最近两年老母去了哥哥家。在最初阶段，我几乎吃遍了小区附近所有的饭馆。老实说，我觉得挺好的，想什么时候吃就什么时候吃，想吃什么吃什么，而不是老母做什么我只好吃什么。与此饮食上的自由相关，全家归我一人这种陡然的空间倍增感，也着实叫人觉得自在。此外，各种酒局我可以放心大胆赶赴，放开量喝，无需顾忌家里还有个正在担心自己始终睡不踏实的老母。

也不知为什么，大概一年前，我突然意识到日子不能这么玩，应该提高自己的生活能力，起码要严肃认真地对待自己，所以尝试着做起饭来了。从最普通的蔬菜入手，无非盐油炒熟，并没有我想象的那么难吃。发现此事不难，然后就是学会了红烧肉、糖醋排骨、冬瓜海带等等家常菜，以至于剁椒鱼头这样饭馆里才有的菜也屡屡成功。这样一来，炒两个菜，请两三酒友来家中吃喝也可以了。朋友夸奖自然是少不了的。我配合以得意神情并自诩有烹饪天赋，亦应有之义。不过，内心我可不敢猖狂，在做饭这条路上，我仅仅是由不会到学着点的程度，并且在这方面我也没有雄心壮志，没有成为个中高手的愿望。我确定了自己的思路，那就是鸡狗尚且能勤勤恳恳地在荒野中找到吃的，作为一个人，能动手让自己混个饱，这也只是一个能动性的问题罢了。就好比有段时间我读的一个日本人写的《荒野生存手册》中所预警的那样，战争爆发、生化危机抑或末世到来，作为幸存者，我们必须学会怎样生火怎么获得干净的水。

听闻并亲眼目睹我做的菜之后,老母放心多了。回来的频率稳定了下来,以至于回来的次数也渐渐减少了。有那么一天中午,和楼上楼下的邻里厨房一样,我正在热火朝天地做饭,老母手上拎着刚刚买来的肉菜,推门而归。奇妙在于,她买的花样与我正在做的一模一样。她看了几眼我日趋娴熟的动作,将她买的塞入冰箱,就出了厨房,在沙发上看起了电视。等我做好一切,饭菜端上桌子,电视上《星光大道》之类的节目正在声嘶力竭,而我的老母就那么坐在沙发上睡着了。我感到有点难过。

变　故

清明是不会有什么"新意"的。具体到我，无非是每年到日在母亲的召集下，一大家子人去给父亲和祖父母上坟。之后母亲和姐姐们会在垄上坡下采摘些野菜。这些野菜像疯了似的，到处都是。之后几日，饭桌上都是野菜的味道，等这些菜吃完，天大致就热了，短袖丝袜，日子开始大汗淋漓，清明就像没有发生过那样。

又岂止如此，在某个层面，这个世界绝对是静止的，不可能存在任何"新意"。活着就是重复，重复死去的人生或重复往生，在此生，也无非日复一日。所以说，"新意"基本上是个不存在的东西。它的存在形象可能只在于逝去和新生（不仅指人的生死）给人造成的情绪波动，而囿于"新意"本质之伪，所以"逝去和新生"亦等同于幻影。人生如梦，或许是这个意思吧？

所以对于活着来说，"新意"不存，唯有变故。我想起了一些事关清明的变故。

话说我们那个村子,是个仅有二十四户人家的小村子,但在我们村的东边却有一片面积和"人口"(鬼口)远远超过村子的坟地。不仅我们会把亲人埋葬在那片坟地里,很多村子的人也会把死去的亲人送过来。在我还很小的时候,除了偶尔看到送葬队伍经过我们的门前,一到清明,简直热闹非凡。而在这场盛大的聚会中,有个叫阿发的却被排除在外,那是因为他的家里迄今还没有死过人。这当然并不属实,只表明他们来到这个村子后,所有的亲人还活着罢了。他不禁流露出对我家的羡慕,因为我家里已经有人死了,可以加入那支上坟的队伍,扛着锹、拖拽着一根柳条、腋夹黄灿灿的草纸一路向东。在他看来,我们真是趾高气扬。阿发甚至质问过自己的父母:"为什么别人家都有坟上,我家却没有?我也要上坟!"

再说我家。我的母亲一生共生育三儿三女,序列是大姐、阿贵、三姐、四姐、哥哥和我。在我出生之前,阿贵就和三姐先后掉到河塘里溺亡了。这种孩童溺亡事件在中国其实是很"正常"的,很多人所谓的"美好童年"中,都有淹死个把小伙伴的"珍贵记忆"。当时我们上坟就是在父亲的带领下给这对从未谋面的兄姐烧纸。不过,三姐死时四岁,且因是女孩,并未得到重视,坟在哪里,父亲也说不清了。所以他总是带领我们翻越众多坟头在一个地势很矮的洼处找阿贵的坟。与阿贵死时的年龄(七岁)相当,坟头也很小,一小抔黄土，没有墓碑。添几锹新土，然后我们就在这个坟前焚烧两小堆草纸，其中一堆算是给三姐的。

单说阿贵。长子长孙，祖父母和父母相当疼爱。更重要的是，生前相当聪明，还未上学即具备天才般的算术能力，口算心算云计算。来村里收购鸡蛋的担贩往往都算不过小小年纪的他。此类段子存活于父母和村人的记忆中，在我的成长过程中被他们不断提及，在我看来，仿佛是特意用来羞辱我的。他溺亡后，父亲一度精神失常。据说直到我出生后，父亲才缓了过来。

祖父母死后，我们清明上坟的担子变得重了起来。父亲也不大提及去给阿贵上坟了，至多冬至、除夕会在门前给他和三姐也辟一堆，但份额似乎远不及给祖父母的。后来父亲死了，我们不仅再也不可能找到阿贵的坟头，加之年深月久，幸存的兄弟姐妹纷纷长大成人，连母亲似乎都把自己曾经有过的那对儿女给忘了。我不禁想到，如果我们还能找到他的坟头，并试图将他的遗骨挖出来重新葬在父亲身边，大概也是不可能的了。鲁迅《在酒楼上》有过此类伤感的描述。不提。

今年清明的新变故有两条。一是我的同龄人阿发居然车祸死了，就埋在我父亲坟头的不远处。他的老婆，也就是那个寡妇拖着一个淌鼻涕的小男孩在给他上坟。而他小时候对自己父母的质问声却仍然清脆。第二个变故是上完坟全家吃饭时，我们终于提到了阿贵。后来我妈像开玩笑那样对我说："如果阿贵没死，大概就不会生你了。"这话让我深感梦幻的同时又非常喜悦。如果真是那样，"我"是何人？"我"在何处？

母牛们,生命短暂啊

2008年春节期间,整个南方暴雪。当时南京的情况也很糟。有一天半夜,我从青岛路的一个酒吧醉醺醺地出来,打不到车,只好模糊地朝某个方向晃荡。在南大门口,我发现一辆出租车陷在积雪里。司机正绝望地将油门加到最大,希望从积雪里脱身。他并没有要求我帮忙,放在平时,我虽不至于幸灾乐祸,但绝对与我无关。只是那天夜里我醉了,想都没想,就冲过去,从车尾部分帮他推。可以确信的是,我并不指望自己能帮他把车子从积雪中推出来,我对自己力量的娇小有绝对的把握。我的想法更多地集中在这条荒无人烟的街上此时此刻只有我们两个人。完全出乎意料,他的车居然开始活动了,然后一个箭步蹿了出去,继而在不远处停了下来。我们都很高兴。出于感激,他送我回家,并且只收了很少的钱。

然后就是过完年,我去了广州。在湖南境内,大面积被雪压断的树木和电线杆子触目惊心。再之后就是南岭的众多隧道。当火车终于摆脱无穷无尽的隧道进入韶关境内的时候，烈日当空，因为明亮我几乎眼前一黑。叶片巨大的香蕉树，身形高大的榕树，它们像疯了一样在使劲绿使劲招摇。这里没有遭遇暴雪，甚至这里的人一辈子只在电视上看过雪。这里已是春天，或者说，这里从来就没有冬天。我觉得，火车不仅穿越了空间，也穿越了时间。一如我曾经写过的一篇小说的标题：火车开往城春草木深。这不是抒情，而只是事实。

去广州，是因为我厌烦了在南京的生活。当然，我并没有移居广州、"混不好就不回来了"的打算。我对这句广告词深恶痛绝。它显然是"衣锦还乡"的口语方式。"混好"是为了"回来"炫耀的吗？混好的人压根就不应该"回来"。与此有关，我讨厌"叶落归根""乡愁"之类的情感方式和价值观，它使我们永远都流露出一副土头土脑的农民形象。

可能正是因此，即缺乏"回来"的动力，在广州整整一年期间，我没有混好。不仅没混好，而且几乎一直没有找到合适的工作。除了赶赴广州朋友的酒局，或者自己出来吃顿烧鹅饭，我每天都窝在出租房里。我所租的房子是一个上了年头的老单元房。楼下树木高大植物疯狂，掩映其中的各色垃圾也相当古老。这样的老小区几乎都是这样，植物有足够的香气，垃圾也有足够的臭气。但这一点不会出现变化，不会出现此消彼长的情况，它们极其稳定。也就是说，你站在阳台上，既可以假装清纯地去呼吸那些香气，也可以做作地掩鼻——就看你需要什么了。

不久之后，我还发现房间里有一只老鼠。好在它并非那些从下水沟里爬出来被汽车当街轧死的体形硕大的老鼠（简直和一场车祸的血腥现场无异），而是一只形体苗条的小老鼠。按现在的话说，它属于老鼠中的"小清新"。这也使它有足够的轻盈和迅捷，每次都能毫不费力地躲过我的捕杀。它给我的房间留下了一股尿骚味。当然，我也怀疑这一气味并非它的贡献而源自我糟糕和混乱的生活本身，源自我蓬头垢面的生活习性，源自我的裤裆深处。总之，我是在这一情形下看了本让我十分沉醉的书。这本书的作者今天刚死，书的名字叫《百年孤独》。

在此之前我当然读过《百年孤独》。对它的阅读几乎可以追溯到我还是个孩童的年月。我家有两代文学爱好者，我看到过它。后来读中文系，它也算是必读书。但老实说，我一直对它提不起兴趣。在我看来，它独特的语言方式、飞翔的才情、热带植物一般茂盛的气味以及纷繁的意象被中国那些学徒式作家不断重复。各种致敬、模仿或抄袭已彻底败坏了我的胃口。另外，就我的阅读范围来看，马尔克斯不算某种"标准"中的一流作家。强调"标准"几乎是一种阅读通病，人们因为读了几本书，就开始热衷于比较，热衷于以一个判官的嘴脸来说三道四。以我现在的见识来看，这显然是一种俗气。2008年,在尿骚之中,我完全沉醉于《百年孤独》之中,它似乎是告诉我,这个世界上不存在好与坏,没有对和错,只有喜欢和不喜欢。我是多么地喜欢《百年孤独》啊。这种喜欢导致我对马尔克斯居然还活着感到愤怒。现在,马尔克斯死了,我总算放心了。

和顾前谈诗

南京的顾前，作为出版过一本叫《萎靡不振》的作品集的小说家，圈外人知道的不多。这不是抱怨，知道的人不多也并非坏事，也算自然。对我来说，顾老师不仅大名鼎鼎、才华横溢，而且是我最挚爱的酒友。我记得自己有一回在报纸上写一篇有关契诃夫的小文章，他看到后，当即打电话过来表示："我太喜欢契诃夫了。"然后我们喝酒偶尔会谈起契诃夫，后来我还听说，有朋友曾戏称他是"中国的契诃夫"。"中国的×××"在言说者嘴里，貌似一种赞颂，其实对当事人而言，不说是污蔑，也算是侮辱。不过，顾老师似乎也没有表示过强烈抗议。我的理解是，他觉得这些话可有可无，对于个人写作来说，毫无意义。

我和顾老师经常喝酒，在所谓"好吃不贵"的小馆子，有时也在他家楼下的公园广场上露天喝，就着广场大妈舞和过路人喝，似乎更起劲。在我们漫长的喝酒经历里，乱七八糟聊过许多东西，但从来没有聊过诗。这一方面是我不写诗，他也不写；另一方面，我觉得我们可能是蓄意避开这个话题。终于，不久之前的一场饭局上，我们有了"突破"，聊起了诗。

顾老师的意思是，他能够理解现代的一切东西，甚至连古人写的玩意也能理解，但就是完全没法理解现代诗。他说，因为我们的朋友大多写诗，所以这个话还是第一次说。并问我是否同意他的看法。是啊，我和顾老师一样，也只写小说，不写诗，经常也没有对诗歌的判断力。但我这些年一直坚持读诗，却也经常被诗歌所打动，但我没法描述到底是什么打动了我。我只能确定，现代诗歌并非是个分行的简单行为，其中有个强大的东西是其他文体和文字所无法替代的。

我这么说并非是说自己比顾老师对现代诗歌有更多的阅读量和更准确的判断力，我想说的是，顾老师所提出的现代诗的问题是一个普遍的问题。韩寒对"梨花体"的攻击、"乌青体"饱受争议、最近土家野夫与韩东关于当代诗歌的争执等等，它们这些年作为与诗歌有关的新闻事件之所以反复出现，都是一个如何对待现代诗歌的问题。"诗意"、押韵、辞藻以至社会学意义似乎仍然是大众对诗歌的基本看法，这一中世纪审美标准下的诗歌认知能力始终没有得到一丝一毫的动摇。它可能与我们的文学和诗歌教育有关，诸如牙牙学语的孩童在大人的强制下背诵的总是"鹅鹅鹅，曲项向天歌"而不是北岛或于坚的作品。不过，将此推卸为教育问题，是一种偷懒的行径。我的个人看法是，这是一个世界观的问题，一个现代主义和现代社会完全脱离的问题。

顾老师与上述人物的不同之处在于，他虽言称"不懂"，但表示现代诗歌应有其美学价值。他反复强调的是自己的"无知"而非攻击现代诗。这无疑是一个人的本分。然后我们喝多了，并说到了最喜欢的故事。顾老师最喜欢杜牧的《清明》，又冷又饿，牧童摇指杏花村，那里有酒，生活还是有指望的。

我所知道的韩东

在认识韩东之前,我其实对他就已经有一定程度的了解。这包括他的绝大多数作品以及他的一些个人经历。当然,这种了解是一个粉丝的认知水平。就我当时有限的阅读来看,韩东的作品属于让我信服的那一类。无需宏大叙事,都是鸡零狗碎,一个人的生活真相无非如此。此外,他特有的冷静、节制、幽默(荒诞感),以及超拔于此的伤感和智慧都极其迷人。所以在2003年第一次于半坡村酒吧遇到韩东的时候,我一点也不意外和吃惊,他确如我之前所了解和想象的那样:清瘦、沉稳、目光锐利、谈吐不凡,毫无昏聩陈腐之气。其本人与其作品不仅浑然一体,且可谓相得益彰。

和老韩相遇大多是在一些饭桌场合上。一般情况是,饭桌上有他,其他人就不用说什么了。此人爱说段子,且这些段子都是一些认识的朋友的亲身经历,稍加润色即可。他不仅说得好,而且能够辅以各种神情和动作,可谓绘声绘色,笑死个人。说到精彩处,他的秃头也似乎越发地亮了。

不过，很多时候，他还是会谈及一些"看法"。文学的、诗歌的、人世的、动物的，以及形而上的，等等。因为是"看法"，总归略显严肃，无疑给酒桌现场制造了凝重气氛。

北京的狗子就跟我说过，老韩这人真好，不装不傻，牛逼极了，还处处照顾朋友，但是酒桌上有此人，总有点不对。确实，狗子是著名的"啤酒主义者"，而老韩，据说长这么大就没有醉过（不是量大，是喝酒极其控制）。我就在饭桌上亲眼见狗子总是耸着肩膀、脑袋挂在胸前听老韩侃侃而谈，作为听众，狗子所能做的则是在一旁点头称是不已，偶尔（就仿佛趁老韩不注意似的）才抖抖嗦嗦地把手伸向酒杯谨慎地喝上一口。等老韩提前走了，狗子这才把畸形的脑袋从胸前端回自己细长的脖子上，坐直身体举杯畅饮，并义无反顾地将大伙"往高处带"（徐星语）。

除了酒，老韩在生活上的自我节制是很出名的。每天早上六七点起床从奥体家中坐地铁到鼓楼再步行至兰园的工作室，以上班打卡的纪律来对待写作，这在所谓的自由作家中很少听说。囿于这一点常被谈及，我就不多说了。就说吃吧，老韩以素为主，两个馒头或茶泡饭亦能满足。据说他早年在工作室"上班"期间，每天背包里还揣一铝皮饭盒去当午饭，这两年则在楼下小吃店里吃盘扬州炒饭之类解决。烟，长年也就是七块钱的红塔山。他说，好东西送给朋友享用，比自己享用更让他快活；"鲁迅也是这么干的，"他还不忘补充道。当然，老韩在现实生活中的"克己复礼"在某种层面上也可以理解为缺乏生活情趣。生活在"舌尖上的中国"，老韩确无"审美"。

早些年周末，老韩还和朋友们一起爬爬紫金山，这两年则完全放弃运动，以打坐为主。我去过他兰园的工作室，有个香炉，他说打坐打一炷香的时间即可。冥想，乃至什么都不想，进入空境。奇迹在于，年过半百，同龄老友身体纷纷有恙之际，老韩什么问题也没有。皮肉薄紧，五官原样，正所谓"白里透红与众不同"（顾前语）。这么多年，每次见，都容光焕发、热情洋溢，从无憔悴之容，更少情绪波动之状。仿佛他已然做到了平行，平行于这个世界，平行于自己的生活，超级稳定或死水一潭。

也可以这么说，老韩是讲修养的那种人。修，修身修德修文；养，养生养命养道。所以在我看来，老韩虽然在同代作家中算穷的，身上委实是有些贵气的。在交际和待人接物上，就我观察，老韩所干的趋向于删繁就简，去伪存真。他说有个国外科学家已经证明了：一个现代人所能记住的名字大约是两百来个，这和一个原始人所能认识的部落成员人数相当。他已经懒得针对伪善说什么了，他说"伪恶"也不对。他说我就是典型的"伪恶"，这确实让我凛然一惊。

老韩现在的写作也很稳定，基本两年一长篇。他说他已经不介意"好坏"，而注重职业和专注。2008年，我在广州,当时老韩去广州搞一个新书发布会,我也去了。主办方邀请了新朋旧雨衮衮诸公轮番针对老韩发言,此在所难免。不过我注意到一个奇怪的现象,发言的人无不揪住老韩这么多年来的清贫与"打卡上班"而表达同情和敬佩。这是什么意思?老实说,我很不以为然。我的理解是,此类场合是谈论一个作家谈论他的作品,清贫和写作纪律只是一个人的存世和写作方式而已,并不重要。就好比宋徽宗不可能因为他是皇帝就有损他的艺术水准。所以,叫我发言时,我所说的是:韩东的写作已经成为我们这个国家文学传统的一部分,在我看来,他具备这个时代众多知名作家不具备的事关文学和诗歌本身的影响力,当然了,他是否影响了一个时代是否名垂千古我不知道,但他起码影响到了我(大意)。一晃多年过去,我仍如是观。

关于赵志明

赵志明，号小平，又名赵发财，江苏溧阳人。

十年前，或者更早，通过李黎，我认识了小平。那时候他在楚尘的公司（"楚尘文化"在南京的前身）当一名校对编辑。听李黎说，小平看到一本家电说明书，也要校对一下，偶尔还会使用文言文跟人交谈，而且喝多了曾经叫嚣"鲁迅先生，你是江青害死的"。但李黎似乎没有提到小平也写东西，因为李黎和我当时都在使劲写。不过，初次见面，酒桌上听闻小平叨逼叨的方式（夸张、变异、虚构凡此种种，这也使我觉得小平迄今没有老老实实说过一句"实话"，一件"真事"），我就对他说："你为什么不写点？"但我没有说"小平你是个天生写小说的"，没人天生是写小说的，我们天生是来活命的，然后去死，小平十多年来不足道的"英雄事迹"也说明了这一点。

我们认识那会儿，"他们"文学网正是如火如荼的时候。这个网站是韩东等一拨"老他们"创立的。小平、李黎、我，还有彭飞，我们年纪相仿，而且都在南京，可以说都是深受"他们"和"断裂"影响的后辈，服膺于韩东等人的文学审美、能力、认知和立场。我们最初的小说大多是发表在这个网站上。然后就是小平出手，《疯女的故事》和《还债》等等，可谓"震惊文坛""蜚声中外"。起码在我看来，这一点问题都没有。

小平的小说多数是在南京写的。喝了一两年酒后，此人就去了北京。断断续续也写过一点。在北京的将近十年中，小平主要应付的是生存。当图书编辑，开图书公司，搞独立出版，彻底成了一个穷困潦倒、碌碌无为的大忙人。中间交过一两个女朋友，欠了一些债，家中老母已从七十逾八十，这是"变故"。没变的是，他本人无论谈吐还是性情，都还那样。一直那样。就是那样。还能怎样？这就是我对小平这个人十年来的基本认识。

不知道是生活状况超级稳定的缘故，还是别的，小平的小说所呈现出来的品质也是恒定的。不急不躁，娓娓道来，感人至深。在他那里，不存在文学是传统还是先锋的问题，不存在技术和艺术的问题，甚至连文学也不是他考虑的问题。他的方式似乎仅仅是：自己是一个会写汉字的人，而且活了三十多年，有了这两条，就可以写出最好的小说。他的身上没有作家和文学青年"应有"的脾性也算一个外在证据。我曾经不止一次说过，小平是中国最好的小说家，没有限定语,比如"当代""青年""之一"什么的。我的意思是说,把他的小说和《聊斋》《三言两拍》放在一起也完全可以。现在我要补充的一点是,把他和当代作家放一块的话,后者作品中普遍表现出来的矫饰、炫耀、做作、文艺腔、浅薄的深刻、肮脏的机心、骨子里的谄媚只能使小平越发纯净,让我们看到了一个周身透明的赤子。

确实如此,和《聊斋》和《三言两拍》一样,小平的小说虽有来自对现代主义经典作家阅读所产生的影响痕迹,但在我看来更多地是延续中国固有的记录方式,即记录中国最质朴的民间情感及其美学方式。其中如果存在"人道主义""悲悯情怀"这样的大词的话,亦非小平的自觉。它们长在小平的身上,进入了其生理系统,然后写出来就像随着一泡尿一行泪那样淌了出来,仅此而已。这么说吧,小平是一个货真价实的中国人。

小平的写作在评论家和文学官僚眼中当然也存在"问题"。比如他迄今仍纠缠于少年记忆之中,比如他始终不能从"小我"之中走出来,比如无论题材还是格局没有任何"突破"。换言之,小平是一个"局限在局限性"中的人。事实上,关于局限性的问题本来就是个伪问题,它所指涉的其实是成功学,而非文学。在我看来,无限放大我们的局限性,才是文学的价值所在,也唯有在局限性中,我们才能获得诚实和切肤。好的作品,无非是灵与肉无比合身的结果。

就像佛的力量，它仅仅存在于跪拜者匍匐于冰凉的土地之上，匍匐既是苦难本身，也是泪花滚滚的幸福所在。虚妄之士教导我们的却是，你要站起来，使劲长个，争取和佛祖一样粗壮。阿弥陀佛，罪过啊罪过。

我说得可能有点多了。现在，小平这本小说集放在这里，读者会有自己的判断。不过你要记好，无论你觉得好还是坏，你的判断都和我的判断一样正确，这是不容辩驳的。另外就是惭愧。我本不想给小平这第一本书写序（我一直倡导自序），但他的图书公司执意如此，小平又不认识什么"大人物"，只好勉为其难了。最后，我不祝小平在这个睁眼瞎国度能够佳作迭出，我只祝小平早日在这个势利眼国度把日子过得更好。

致钱晓华

将近二十年前,我还是个学生。有天天气挺阴沉的,我躺在宿舍的床上正在琢磨要不要把脚上的鞋脱掉放在地上,这时候宿舍里另外一个同样无聊得发慌的家伙突然对我说,听说南京最近有个书店不错,要不咱们去瞧瞧?我说我没钱啊,而且我又不爱学习,破书店有什么可瞧的。话虽这么说,我还是跟他去了。倒了两趟车,穿过南大校园,然后我们就爬上南苑和广州路之间那排门面房其中之一的二楼:咦,先锋书店。

我不知道钱晓华那时候是否已经信了教,总之我不记得店里有十字架了。而且相信在那年头,钱晓华这个名字对于一个不起眼的小书店来说,应该还算是处在那种可有可无的情形。不过我确实看到了不少大师肖像,卡夫卡、博尔赫斯、纳博科夫什么的。那会儿我已经在读卡夫卡了,幻想自己能够成为一名饥饿艺术家。带我去书店的这个同学亦然。我当时所想到的只是这个书店的老板应该是个文学青年,此外无他。我只是瞧瞧,并无钱买书,我的任务就是跟着同学在书店里逛来逛去。因为书店很小,所以我和卡夫卡刚刚作别,不一会儿一抬头又看到他那双大而失神的眼睛。如此反复,重逢有如鬼打墙,叫人绝望。

在过去的十多年里,我在先锋书店应该买过那么几本书。但我要针对阅读和买书说几句题外话。虽然我勉强算一个写作者,但老实说,我并非爱书之人。首先,我无意于做一个博闻广记、中西贯通之士,这决定了我的阅读既非求知型,亦非专业型。我只看那些偶尔碰到并很喜欢的书籍。有时很长一段时间我只看一本书,有时一本书被我看了许多年。翻来覆去地看,舍不得看完地看……我也不喜欢攒书,反感藏书,讨厌书房的文人气。为了使我的家里尽量摆脱"有文化"的德性,我每年都要卖给收废纸的一两百斤书。这么说吧,在图书面前表现出兴致勃勃、如饥似渴,在我看来太做作了,太自不量力了,太恬不知耻了。换言之,我对书店一方面深感恐惧,另一方面就是根本不感兴趣。

也就是说,这么多年,我去先锋书店的次数并不多。但也正在这期间,先锋书店越办越大,成了南京的一个"名胜"或"地标",钱晓华这个名字也经常在一些饭桌上被提到。外地朋友经过,应其所请,我有义务带他们去逛一逛。这两年也参加过在那里举办的几场活动。我和先锋书店的关系,大概就这么多。

要说的是，大概在 2007 年，我谈过一个在南大作家班读书的女朋友。谈恋爱这事，往好听了说——就用不着我说了；往不好听了说，也无非吃吃喝喝。所以我经常和她在南大附近的小馆子里吃饭。有天我们正在青岛路一家地锅鸡坐下，这时候我看到邻桌有个瘦瘦的戴个眼镜看上去比较老实的家伙冲我微笑颔首。我认真看了他几眼，包括他桌上的几样小菜都认真看了（青菜和一碗汤），然后确定不认识，就埋头吃自己的了。没想到若干年后，在另外一个饭桌上，我居然遇到了这个人，而且我一眼就认出了他，地锅鸡的光芒所照耀的面孔。他，就是钱晓华。

我现在倒想对钱晓华说两句话：我 2007 年谈的那个女朋友早就不知下落了。而当年带我第一次去先锋书店的同学也不"搞文学"了，他现在发福谢顶，有房有车，偶尔打完几圈麻将之后的半夜，会将我叫出去吃点烤串喝点小二。

关于"中间代"

确实如此,在早已成名的 60 后和以韩寒、郭敬明为"代表"的 80 后作家之间,确实存在一个灰色的写作群体,说白了,他们就是 70 后。虽然写作者大多讨厌将自己纳入某个代际或某个类别中去,但 70 后作为 60 后和 80 后之间的那一代亦为客观事实。而且考虑到每代作家的成长环境、知识结构对他们写作的影响,剔除清高和矫情而接受中间代这一说法也未为不可。此外,70 后与上下两代人的差异也是有目共睹的。迄今没有一位 70 后能像 60 后作家那样获得广泛的文学认可,在 60 后已被誉为"经典"之际,70 后仍然被视为没有让人信服的"力作"的一群。而在市场份额上,他们不及 80 后明星作家的一个零头。也就是说,他们既"没有文学成就",也不够时尚,大多是图书市场的赔钱货。

因为这一概念涉及本人,我不便对自己提出辩护,更无意"申冤"。在某种程度上,我甚至还颇为认可上述这种文学市面上的、显得十分粗暴的认知——无论是在文学史上或受众那里，70后的作品均"可有可无"。事实上我认为中间代概念的提出，完全是基于文学利益分配问题之考量。言下之意不外乎，相比于60、80后，70后没有受到"公正待遇"，故有"突围"一说。

在我看来，70后这一代人与60后基本保持着兄弟关系，也许正是因为在精神层面和审美趣味上与兄长们有着因循相袭以至兄终弟及的降序，所以长期以来"弟弟"这一角色构成了70后的宿命，那就是在早已"功成名就"的兄长们的高大身躯后，70后的一切行为都只能被视为跟随和协从，一如少年斗殴场景中大哥和小弟的形象。

60后的幸运不仅在于他们的职业水准，也在于他们赶上了好时候。80年代至90年代中期，可谓当代文学的"黄金时代"（虽然本人对这块"黄金"的质地持保留意见，不赘），我们的兄长纷纷抛出了成名作和代表作，加之50后正值文学壮年（一如现今的60后），在整个国家被市场主义吞没之前，他们基本消费完了人们对"纯文学"的热情。就算后来"纯文学"的市场边缘化了、小众化了，他们的"余热"仍然占据着大部分份额。对于70后这些弟弟来说，所能享受到的文学利益之贫瘠毋庸置疑，可谓空气稀薄、营养不良。

其实有一点不可遗忘，70后也曾"闪亮登场"过。不过，因为一片基于政治和道德等各种因素的骂声，诸如"私人写作",诸如"身体写作",诸如"下半身"等罪名……这些"美女作家"和"美男作家"转瞬即逝(多为女作家尤其值得一提)。硕果仅存者大概也就是安妮宝贝和若干以书写校园青春和都市情感为主的流行作家了。换言之,70后的最初登场是以"美女作家"(《上海宝贝》)和"网络文学"(《第一次亲密接触》)进入文学视界的,它们的"低级"迄今仍像饭后油渍一样残存于文学判官们撇着的嘴角。也可能正是因此,对70后的失望情绪构成了对70后的基本无视,长期被遮蔽由此而生。如果说70后确实迄今没有创作出值得信任的好作品,那么是否可以将这个问题存在的前提理解为:人们究竟有没有无论骡马把他们拉出来遛遛然后去阅读他们的兴趣或勇气?我想正基于此,中间代这一概念才带有某种怒气地横空出世,虽然它并不新鲜(诗人安琪曾提出过这个概念,南京作家李樯和朱庆和也办过名为《中间》的民刊),但此时抛出,大肆渲染,既体现了提出者的文学嗅觉和商业头脑,亦可谓恰逢其时。那么,这一"时"又是什么呢?

新世纪以来,市场主义的滥觞和时代进程的加速度,促成了亟需换代的迫切愿望。80后就是在此环境下显身,并以前所未有的速度分到了文学利益蛋糕那最大的一块。不要说70后了,连"霸占"文学利益多年的50、60后都感到利益受损而纷纷羡慕嫉妒恨。也就是说,80后的迅速蹿红是一次呼应市场主义的换代行为,但它并非是针对70后的换代，而是直接代谢掉50、60后，70后作为60后的弟弟，不仅像页码那样被顺手翻过，而且简直不足道哉。文学批评家张柠先生多次强调70后作家过早衰老，我认为一方面是70后长期处于半明半暗的境地，如病退的老公务员（50、60后则属于退居二线的老干部），另一方面囿于张柠先生对70后的阅读还显局限。如前所知，这并非张柠存在蓄意"遗漏"，而是可呈现的70后作品是那么有限——即便有中间代概念的一声巨响，本人对未来也并不乐观。

然而生机也正暗藏此处。70后无论在文学判官那儿还是在图书市场里的全面溃败，已致使其中部分人开始全面抛弃这两块土壤，他们通过不同行业的工作渐已成为这个国家"人民群众"的中坚力量，文学作为他们隐秘的欲望，渐次成为青灯黄卷般的古朴画卷，来自世俗事务的经验和收入养活了他们的文学审美和精神活动。换言之，既然写作养不活他们，那么少数保持文学热情的顽固分子（更多的人彻底退出），不同层次的生活现场（地气）却滋养了他们相对纯粹的写作。在"文学青年—成名成家"这条类似科举制度的当代中国文学体制中，他们彻底成为了局外人，我认为却从更有可能的角度深入了文学的核心部位。与其说他们被中国文学抛弃，不如说他们组织了中国文学的民间力量，抛弃了腐朽平庸的文学官衙和名利比拼。鉴于官方和市场的浮华和浅薄，我倒觉得他们的真诚势必成为当代中国文学每况愈下窘境之外的最大希望。

此番抛出中间代，除了上述背景，还在于新世纪十年来80后明星作家所提供的文字产品的销量业已回落。少年明星们的粉丝已然长大，而偶像却"青春长在"，审美疲劳和厌倦情绪正在与日俱增。偶像幻想嬗变，却又贻笑大方、丑态百出（如韩三篇及代笔事件）。简言之，无论是官方还是市场，对于文学新贵都可谓"虚席以待""求贤若渴"。恰逢其时，盖此谓也。

不过，此番中间代的一时喧嚣，并不意味着70后会被另眼相看，恰恰相反，需要警惕的是，它也可能成为新一轮遮蔽的开始。就我所知，不仅70后这一群体，被遮蔽的80后作家同样芸芸。事实就是这样，一群人遮蔽另一群人，它就是我们的历史真相。从文学理想上而言，再考之当代中国文学生态，被宣扬未必就不是坏事，被遮蔽未尝就不是好事。作为此番中间代概念的"受益者"，我作如上观。

我看莫言获奖

在作为最高赔率网上争论不休时，我就支持莫言获奖。在我看来，中国现代文学虽然主要师从西方，中国作家的写作至今仍以向（西方）大师致敬为主，但经过一百年的努力，中国现代文学也蔚为壮观。诚如桑塔格所言，总有部分人"在他们（大师）的水准上工作"，这一工作成果在中国并非没有，反而赫赫存在，以至于也不乏自为源流的作家。也就是说，中国并不缺少优异的作品和作家，获得诺贝尔文学奖毫无问题。如果有问题，那是别的问题。其次，莫言也好，抑或其他中国作家也好，获奖都值得道喜，一如那些蒙面的体彩大奖获得者。

当莫言获奖后，在回答媒体采访时，我却不得不多说几句。

首先，我对瑞典的授奖词表示失望，他们所表彰的仍然是一个猎奇对象。这仿佛预示着他们一百年来对中国的认知能力没有得到根本性的提高。

其次，莫言的获奖以及他作品的热销并不能表明中国文学的前景即将由暗淡转为光明。事实上，在我看来，中国文学从来就没有"光明"过，即便是在被誉为文学"黄金时期"的80年代。80年代的文学热情源于长久积压的哭诉欲和试图进行艺术扫盲的求知欲。在那个精神娱乐单调的时代，文学的畅销一方面体现了这个国家不正常的社会发展轨迹（接二连三的伤害需要在文学控诉中获得抚慰），另一方面亦为别无选择。与其说人们关注文学艺术，不如说更关注历史、政治及其走向。80年代文学架构了这样一个供人们窥测这些与文学本身无关话题的平台。纯粹基于美学和艺术智商的文学阅读并不多见。以至于延续至今，人们仍然要求历史、政治及其走向进入文学，对莫言的质疑概由此来。所以说，如果说它暗淡，它一直暗淡，反之亦然。而文学前景由暗淡转为光明几乎是一个伪命题。

90年代以来的经济过热，转移了人们面黄肌瘦的文学热情。文学期刊发行量锐减，作家被边缘化，诸如此类，一度被誉为时代的堕落。我的看法则相反，也唯有相对得到满足的物质生活才能促成审美追求和精神活动。真正的文学阅读时代正随着物质进步和代际交接而逐渐成为事实。文学不是社会运动，全民文学是相当可怕的。文学只能通过各种方式作用于需要她的人们。纯文学有如古典音乐那样，它根本无需所有的人怀抱热情。在这一点上，我更看好没有遭受训导和污染的新人类，他们有望成为一批只读自己喜爱的东西的真正的文学读者。

此外，在这个成功学是最大"学问"的国度，莫言的"成功"有可能被视为需要旌表的"劳动模范"，跻身"先富起来"的那个群体之中，然后奋斗史被心灵鸡汤化，进而"我的成功可以复制"。与此同时，他摇身一变成为（或被成为）文学权威，被追捧在圣贤祠中用以压制其他的文学活动。这将使我们的文学环境更加恶劣——如果原先已经很恶劣了的话。

我看"创作"

因为靠稿费度日,除了小说,我已经写了十年的专栏(专栏比小说来钱)。这些专栏随笔加起来也有几百篇了,我想说的是,在某种意义上,写点小文章对我来说不是难事。不过,"创作谈"这种东西还是让我头疼。就我曾经应约写过的几篇来看,我感到自己是一个地道的蠢货。

我个人忌讳说自己的写作为"创作"。在一些文学会议上,听到领导说"希望大家创作出无愧于这个伟大时代的作品来"时,我感到坐立不安,头皮发紧。这倒不是我对领导有意见,而是觉得"创作"这个词太严酷了,我担待不起。创作不同于写作,创作是一个创造性的写作行为。好了,问题简单了:我有创造性吗?我创造过什么吗?

多么惭愧,我觉得自己没有。

创造性不仅仅是一个文学问题,更重要的是一个美学问题,甚至是一个世界观问题。当代中国的审美之粗鄙已无需赘言,而世界观问题从来都是独此一家。长期以来,我们的写作追求的是安全和有效。所谓安全，是有其出处和凭借；所谓有效，是能够快速获得好感和认可。而安全和有效只能建立在成功范例和固有体制之内。后者已经构成了某种文学权力，必须在这个权柄挥舞的半径之内，我们的写作似乎才可以获得赞许。并非没有半径之外的努力，而是这些努力往往因为无法获得鼓励而自动放弃，或很快就被半径之内的巨大诱惑力所吸附。我们日复一日恬不知耻地将自己的"大作"刊登在中国大大小小的文学期刊上，然后评论家跑出来吹拉弹唱，然后评奖获奖，结集出版，"被译为多国文字"……作为一条产业链，它确实完美无瑕；但作为艺术，不知为何，我总觉得它们好像并不是那么回事。

我不排除自己身上存在偏见，我承认偏见并重视自己的偏见。我也并不觉得西方大师对我来说真的有多么重要。西方大师对中国当代文学的主要贡献就是制造了众多使用"翻译体"并自以为不俗的语言学徒，以及中国现场的精神游离者。除此之外，我们看到的更多的是那些对"经典情感"（诸如乡愁、善恶、青春叙事、都市迷思等等）的不懈描述。还有那些可怕的文学实验家，他们更喜欢将文学这具肉体搬到实验室里进行解剖，然后表达他们对器官或下水的迷恋之情。我的意思是说，我很少看到能够真正打动我的作品。作为这些作者的其中一员，我是多么地伤感。

我已经写了十多年小说，却觉得自己完全不会写小说，眼前一片黑暗。我自觉自己不具备或还没有体现出像样的创造性，但这不影响我对创造性的景仰和追求。我相信，穷究于形式和文字绝非创造性的体现，哗众取宠、惊吓世人更是背道而驰。我现在所能知道的是，创造性就是最大限度并诚实地描绘出这个世界这个人间的真相，并自然地呈现出接近"真理"的光亮。

对布考斯基的有限认识

可能正如伊沙所宣称的那样，他是国内第一个译介布考斯基的人。但我个人并不喜欢伊沙的译作，诸如他的译稿习惯使用发音朗朗的汉语以及大量成语，这在我看来，是有违布考斯基的旨趣的。布考斯基应该是这么一种作家：他瞧不上文人和文化情趣，瞧不上铿锵有力的遣词造句，他什么都瞧不上，仅致力于使用他客观、及物甚至有点粗暴的方式鄙夷一切平庸。

这一印象源自黄复雄所译诗集《醉弹琴，如击鼓，直到手指流血》（坏蛋出版计划，2011）和马里万所译小说《样样干》（联邦走马，2012）。这是两本"独立出版"的图书。至于台湾的译本，虽然在小范围内亦有传阅，但可能囿于台湾出版商更倾向于布考斯基的色情因素，无论从译稿文字上，还是图书制作上看，对布考斯基的"文学待遇"是极其吝啬的。还有一点，我们确实无法接受港台腔，这可能是偏见，但也没办法。此外，就我所知，翻译过布考斯基的还有竖、徐淳刚和马一木，他们的译作散见于网络，不时被喜爱布考斯基的读者看到，仅此而已。最近，广西师大出版社引进出版的《苦水音乐》（小说集）和《邮差》（长篇），虽说是布考斯基首次在国内公开出版，意义不凡，但也可以说是布考斯基在中国水到渠成、顺理成章的命运。

由上可知，这些年来，布考斯基虽然渐渐在国内"火"了起来，但仍然是在"地下"和"小众"范围内被人们传阅、喜爱和谈论。这既是"国情"使然，我想也和布考斯基的品质有关。布考斯基在当下中国是不可能洛阳纸贵的，除非他被描述成LV那样的品牌，被书商炒作成阅读时尚。不过，即便是后者，可能性也不大。卡佛就是个例子。事实就是这样，虽然卡佛在最近几年成了中国的"著名作家"，以至于他的"底层"和"小人物"等标签在中国颇具政治合法性或道义感，但卡佛的俭省可满足不了文艺小清新日益膨胀的世俗欲望，妆点书架的装修功用远远大于其文学价值。

布考斯基是我读过最决绝的作家。他对美国中产阶级生活方式和趣味的深恶痛绝并非说明他是"美帝"的内奸，而只是他生活在美国而已。他如果和鲁迅一起生活在五四时期的北京，他可能不仅反帝反封建，也恶心那些在大街上叫嚣的青年。而且他不会像鲁迅那样理智并善意地劝告青年们回去，而是远离现场，到八大胡同什么的场所喝两杯，沉溺于他的个人欲望和糟糕情绪之中。

我觉得布考斯基的态度基于深入骨髓的绝望，这种绝望既包括个体生命置身集体中的无力，也包括终极层面上人和宇宙的关系。人是不能改变什么的，或者说，一个人只能改变自己的决定——继续干还是辞职？喝完了去哪儿？是否控制自己要不要跟那个大块头干一架？（参见布考斯基小说及其履历。）比之加缪的绝望，布考斯基可不愿意做西绪弗斯。那个不断推动巨石上山顶的形象不仅无法感动布考斯基，只能让他发笑。在布考斯基的体系中，英雄也是他所讨厌的"普通人"，因为英雄仍然是世俗生活价值体系中的一员。换用中国的说辞，布考斯基可不是什么"高人"，你比芸芸众生在某些方面高一点，有什么值得狂的！

作为与生俱来的反对者，布考斯基当然也不会给你描绘蓝图，催人奋进。他甚至不给粉丝提供有效的生活和文学方式，也就是说，布考斯基没有任何"普适意义"。难不成你也要成为他那样的"烂人"？你既然成不了他那样的"烂人"，又怎能写出那样的小说？他可是只记录自己生活的作家，百分之二百的"私写作"。他主动堵死了你和他的交往或学习通道，你对他的热爱不仅无法换取垂怜，可能遭致U2乐队主唱Bono相同的命运——因表达对布考斯基的热爱反遭一顿嘲讽。如果一定要比，我倾向于将布考斯基和中国的道家联系在一起，活着，尽自己所能地和活着所需要的物质（包括人）进行交流，尊重这些物质，不伤害他人，然后死掉，维持世界之前即有的圆满或亏缺。

在写作上，布考斯基有无"师承"我不知道，但较之于作家中的"学习型人才"，布考斯基身后并无一个或一群大师先贤的影子。他有如孤立荒原上的顽石，空荡突兀，生来如此。无论汉译还是原文（据译者们说），他的语言方式和他整个人的品质浑然一体，质朴而尖利。好的作家都是这样，他会让你在阅读中发现写作没有任何门槛，但当你亲自动手写的时候，发现自己只是在大便。在某种意义上，他和德国导演赫尔佐格相似，毫无幽默感可言。只是赫尔佐格是因为虔诚，而布考斯基则完全不屑。但他们的作品又是那么的幽默，这种幽默是上帝从男人身上抽出肋骨或女娲坐在烂泥塘边造人时即有的东西。这或许可谓之"原趣"。因此，从阅读感受上来看，布考斯基的"好读"程度也是惊人的，他的书是不可能隔夜的。然后，你将不会忘掉，因为这是一番残酷的阅读体验，它会让你内心遭受鞭笞，留下一道道经久不愈、永远崭新的血痕。

和时代同归于尽

刘健的动画作品《刺痛我》在2012年5月于土豆网公映之前,本人有幸曾获得赠片先睹为快。我之所以提到这一点,是想说,中国确实存在着众多在院线和"正式场合"无法直接面对公众的作品,无论是电影还是文学。它们的"地下"属性并非自我蓄意,而是"隔离审查制度"迫使它们只能在"黑暗"中流通。

我们先来说一下文本本身。这是一部集编剧、绘制、导演、剪辑于一身(画家刘健)的纯个人作品。它背离了当代电影工业的具体分工和流水线作业模式,显得有点"反动",好在这并没有影响电影理应具备的各种元素及其观赏效果。在我看来,只能用八个字来陈述这部作品:画面精致,剧情屌丝。

中国动画电影,人们至今念叨的仍然是《大闹天宫》、《哪吒闹海》和《天书奇谭》等几部极其有限的"经典"——如果据说投资上亿的《雷锋的故事》之类也算动画的话。不过,即便是上述经典及垃圾,中国动画吃力不讨好的努力也仅仅限于取悦于儿童（或许《大闹天宫》因其美术和音乐价值而超越此限）。事实是在整个世界范围内，动画早已不再是"儿童读物"，共识是它仅仅是一种视觉模式或载体，用绘画方式叙述人类的个别经验和共同情感。换言之，它与使用真人演员的影视作品毫无区别。

我不知道刘健的这部作品是否是中国第一部面向成人的完整的动画电影（长达74分钟），但它绝对应该是中国第一部摆脱滑稽、夸张和变形的悲剧动画。动画作品应有的明媚和光亮被他蓄意取缔，而致力于表现黑暗的真相。此片被誉为"第一部黑色动画长片"，我想盖出于此。此外，刘健没有从我们古老的写意绘画传统中（如《小蝌蚪找妈妈》的水墨风格、《三个和尚》的线条写意）取得借鉴，而是纯粹地使用写实画笔，这几乎使画面获得了摄影风格。考之国外各种动画作品，刘健这一美术风格固然谈不上首创和独特，但在画面构图上的细致，在细节上的用力，确实也难得一见。我想，该片在国际获得众多大奖，本身就是对刘健的美术能力进行褒奖，其次才轮到电影故事及其精神品质。

使用网络词汇"屌丝"来修饰《刺痛我》的剧情并不过分。主人公张小军，在全球金融危机到来之后失业了，他像一个幽灵那样游荡于南京这座在金融危机的风暴中也一度摇摇晃晃的城市。他被人当作小偷毒打，出于好心帮助一位老人结果却被冤屈（或许是影射南京彭宇案）。他只能成为了一名"唉声叹气的屌丝",只想返回家乡去当一名农民。大洪则是一名"兴致勃勃的屌丝",他虽然没有像张小军那样曾经接受过大学教育并有过稳定工作,但大洪似乎更能够并愿意和这个摇晃不已的城市死磕到底,绝不回头。最后,他们糊里糊涂地进入了权钱交易和凶杀现场,大洪死亡,张小军意外获得五十万人民币。如果仅仅这样,这倒是个黑色幽默,不过刘健显然对此时此刻的黑色幽默表达了自己的不信任和无限鄙夷,他安排张小军放下五十万现金,然后从城头上一跃而下。

这被誉为"开放式结尾",在我看来却并非如此。张小军显然是选择了与时代同归于尽。五十万并不能让一个屌丝改变屌丝的命运,至多是一个拥有五十万的屌丝罢了。在这个由屌丝组成的国度,绝望感遍布城市的每一个角落。它不仅触及麻木的神经并引导观众对时代进行近距离审视,亦道出了某种人类境遇的终极判断。遗憾之处在于,张小军的城头一跃过于"圣洁",超出了"屌丝生存手册"应有之义,或者电影尚且缺少应有的情节和心理铺垫,显得过于突兀和概念化,观众只能在戛然而止中张嘴结舌、目瞪口呆。

在规避现实问题和真情实感已成为当代中国电影最大"特色"的邪恶语境中,刘健没有遭遇这一语境的限制和侵蚀,或许得益于家庭作坊式的操作方式。如果注定电影只能以此方式才能植入越来越稀缺的"社会真相",中国电影确实可以休矣。

另一种普世价值

这次不说电影,说电视剧,由凯特·温斯莱特领衔主演的《幻世浮生》(*Mildred Pierce*,2011)。

这是一部看完后让人深感不安的迷你剧。五集,延续了HBO用制作电影的能力和热情制作迷你剧的效果,精致、优雅,处处泛滥着这个世界上最靠谱扎实的艺术感觉。关于HBO的产品,如果你看过由汤姆·汉克斯监制的《太平洋战争》(*The Pacific*,2010)和马丁·斯科塞斯的《大西洋帝国》(*Boardwalk Empire*,2010),就可以理解我这一粗陋的审美判断。

之所以看完后让人不安,源自情节。故事背景是20世纪30年代美国大萧条时期,艰难时世中,女主人公Mildred与失业的丈夫Bert分了手,为了生存及养活两个年幼的女儿,自尊心强烈的家庭主妇不得不选择一份餐厅服务员的工作。然后在炮友James(亦为Bert曾经的生意伙伴)的帮助下开了一家以自己名字命名的鸡肉餐馆(或许带有影射肯德基之意),继而生意越做越大,开了数家分店,成为一名富婆。在此期间,她与曾经富有现已没落的花花公子Monty成为了情人,以至分手之后再次重逢还结为了夫妻。

不过,这不是主要的,主要是她和长女Veda的矛盾。Veda自幼就暴露了傲慢、自私、刻薄的品质,她看不起自己的母亲Mildred,长期羞辱、嘲讽和伤害自己的母亲。母亲对生存的担忧以及对金钱的追逐让这位沉浸在古典文学和古典音乐中的少女感到羞耻,鸡肉餐馆的油腻玷污了她自以为是的才华和高贵,而妹妹的意外死亡更加深了她对母亲的仇恨。然后她长大了,美貌惊人,歌喉婉转,却心如蛇蝎。她利用美色讹诈富家公子,利用母亲对她的爱挥霍前者一生辛苦积攒的财富,并且最终以和继父(即花花公子Monty)的不伦之性彻底击溃了自己的母亲。与其说Mildred的奋斗史是被利益驱动(Monty指斥她:"利用臭钱让我摇尾乞怜,却极其吝啬。"),不如说这位母亲的一切努力仅仅是为了赢得女儿Veda对自己的尊重,而结果却适得其反,她的一切努力都加深了女儿对自己的歧视和敌意,最终一切归零——母女关系彻底破碎,餐馆因女儿和Monty的挥霍而转手他人。其象征图景是她和前夫Bert破镜重圆,回到了最初的陋室。人生的幻灭和漂浮以这对老夫老妻"一醉方休"的对饮结束。这一结尾易于让我们听到电影《美国往事》(*Once Upon a Time in America*, 1984) 中罗伯特·德尼罗躺在唐人街鸦片馆烟雾缭绕的睡榻上绝望的笑声。

因此,《幻世浮生》的悲观主义哲学意味是显而易见的。正如叔本华所言:"追求人生的目的和价值是毫无意义的。"或如中国俗话所说:浮生若梦。从这一点来说,译名为"幻世浮生"可谓准确。关于人生之"浮"及其幻灭感,这基本是一种"普世价值观"。关于普世价值,它并非是统一口径的一元论,一如我们可以信仰进化论,也可以信仰上帝。从理论角度来看,悲观主义哲学毫无问题,自古以来遍布于世界各个民族的哲学理论和艺术作品中(还如日本的大量文艺作品),并不因为主流核心价值而屈服而消亡。在美国这个清教徒国家,体现于文艺作品中的多为妻贤子孝式的"主旋律",它往往遮蔽了我们对美国人"深度"问题的认识。事实是悲观主义一直是美国文艺的重大力量。在影视作品中,上述提及的《美国往事》和本片自然算是,另外像贾木许这样重要的独立电影导演也为数不少。至于文学,远的如《了不起的盖茨比》可以不论,近年译介的美国作家个人认为都是,比如卡佛,比如罗恩·拉什。

有评论称,2012年金球奖和艾美奖与电视迷你剧有关的主要奖项都将归属这部剧集,至于凯特·温斯莱特,据说本片可谓是为其量身定做。此言大致不虚,因为凯特在剧中的表演完全堪称一流。《泰坦尼克号》(典型的美国主旋律)女主角凯特似乎更适合演绎内心挣扎、性格复杂的角色。在

《革命之路》(2008)中她作为一名"绝望的主妇"因为仍然是和莱昂纳多演对手戏,完全可以理解为是对《泰坦尼克号》价值观的质疑和颠覆。至于在《朗读者》(2008)中扮演的女纳粹,业已获得奥斯卡最佳女主角的最高承认。此外,本人还喜欢她另外一个悲剧角色,即根据英国哈代的小说改编的同名电影《裘德》(1996)。作为一个出生于伯克郡的纯种英国女孩,她太适合演绎那个悲苦的英格兰表妹了。

一个不"正确"的女的

把微博誉为PH纸那样有效的测孕工具，多少有点言过其实。虽然微博在露底方面，确实让许多名流大V将自身掩饰多年的蠢货属性尽情呈现，虽然在观点和道德上，"猛男妖女"们的性无能以及不孕不育毫无隐私可言。数年过去之后，教训血腥以及那些无师自通深谙微博游戏规则的人已然学会了自我保护，居然也可以像BBS和博客时代那样避免自己名誉的流产以及能够趁人不备于夜黑风高之际赶往荒郊野外将死胎掩埋。正所谓，适者生存。

如你所知，以上都是比喻。比喻有一点好处，它利于装点门面，将浅薄或高深混淆于这些芜杂的喻体之中，获致语焉不详、模棱两可、交付他人理解、文责概不负责的功效，诚如上述微博名流大V们的一贯风格。誉之为语言的保险套实不为过（仍然是比喻）。这里尤其值得一提的是，不要轻视微博140个字的字数限制，刚开始，它可能确实让抒情分子和观点达人深刻体会到尿不尽的痛苦，现在则大不一样，微博俨然成为一种文体。一个东西一旦成为文体，修辞学也便紧跟着进入。除了比喻，排比句、警句、大师语录体和从相声艺术或欧·亨利那儿找来的抖包袱方法等等，正形成微博的文体美学，从而受到各路粉丝的追捧和争相仿制。这固然也是山寨帝国的应有之义。只有少数好事者才会剥去这些修辞方式发现尿无力的真相，譬如不加V。

不加V是我见过最不爱修辞的女的，无论是专栏文章还是微博言行。就文章可读性、信息量、俭省方式和审美能力来看，不加V的专栏难得一见。她没有这个时代中国媒体上专栏作家们最司空见惯的那些毛病。诸如做作、炫耀、幽默或俏皮话、抖机灵或晒智商。就《男女内参》来看，试图找到不靠谱的敷衍之作，几乎是不可能的。较之于天花乱坠的修辞学和吹牛逼，童叟无欺的诚实劳动实乃当代堪称贵重的品质。"内参"可以理解为一种谦逊方式，不过在不加V那里我觉得也算名符其实，她只根据自己的经验说点自己的认识，绝非红男绿女们的情爱教导员，"仅供参考"而已。从我对这个时代读者的认知能力来看，阅读《男女内参》对很多人来说是一件痛苦的事，因为它完全在绝大多数人捉襟见肘的个人经验、道德观念和书写胆识之外。也行，这没问题。但你必须要承认一点，世界是很丰富的。就好比你拥有了一枚马铃薯脑袋，但不能不允许罗圈腿的存在。你有必要知道，除了你那每天挎着人造革坤包上班、永远不会让你知道她也与别人上过床的妻子,还有不加V这种女的与前者平行活在这个时代。

从ID角度来说,"不加V"也算不上一个名字(相较于"菊开那夜"什么的),仅仅是一个态度,而且是白话的。如果说这种态度是要和V们划清界限,抑或鄙视和抗拒V们,则涉嫌矫情。任何试图从文化意义上过度阐释这个ID,我觉得只能是无聊透顶。兴之所至,就这么着了,嗯哼?这是我的理解。当然,不加V确实没有和V们一起针对这个世界表达过什么自己独到而深刻的看法。但这不代表她没有自己的看法,相反,她是一个有看法且看法相当多的人。除了《男女内参》,我还要推荐她的微博。

数年下来,不加V微博数量超过我所知的所有人。她对微博持久不衰的"热情"和每天坚持刷屏的"恶习",有其数万条"真知灼见"或"妇女之见"为证。她几乎没有主动删除过自己的关注对象和已发微博(个别情况例外),从而要让别人觉得她是一个"审慎"的人,一个趣味稳定、品位优越的人。她保留了自己的粗糙抑或粗鄙。这种赤裸却又迥异于反智主义。稍有头脑的人都会从她那里看到坚定不移的理智,而绝非毫无来由的歇斯底里。这对于渴望"诗性"的饮食男女们来说确实够残酷的,好在十多亿人中毕竟有几十万粉丝不需要那些"诗性",这值得庆贺。不知道基于种种主观理由注销删改到零后来又潜回微博的猥琐之徒看到不加V依然风情故我地在那儿喋喋不休时会作何感想？不知道那些"挺喜欢不加V的，但讨厌她天天为了推销自己的书而刷屏，果断取消关注"的所谓粉丝逻辑何在？如果人们仍然如此高尚如此猥琐如此讲逻辑如此自相矛盾如此内心动荡不安的话，不加V的粉丝只能去芜存菁。事实看来也正朝着这个方向而去。

坦诚相待是不加V最牛逼之处，这种坦诚照亮了猥琐的话语时尚。当然，坦诚不意味着"正确"，比如在"微博倒韩"这件事上，不加V早已被判处"有罪"，并已遭致最下流的谩骂作为惩罚。好在罪恶滔天的时势之下，不加V的罪与罚很快就被这些健忘的判官们遗忘。不加V的避虚和及物仍然是大家"恐惧着的需要"。就是这样，及物确保了不加V的所有看法都是身体里长出来的，而非来自他人。身体里长出来的东西，灿若桃花和腥臭无比本质是一回事，但这完全不是问题，没有比这个更诚实可信的了。她不是意见领袖，她就是一个不"正确"的女的。她的背后空空荡荡，没有靠山，更无"上师"，一如新书没有腰封没有名人推荐一样清清爽爽。

要不要"正确"？正是不加V和V们的最大区别。她从来没有出于想要"正确"的初衷，当然也没有故作姿态蓄意叛逆地力求"错误"，她的一切发言只基于自己臀部所能压住的那一块面积之上。引经据典、寻章摘句、正义凛然、义愤填膺、慷慨激昂，从来都与她构不成联系。她就是一个迄今未婚、"阅人无数"的大龄女性。读了《男女内参》，你或许还能感受到她粗糙和粗鄙之下还有一颗内向、敏锐、多愁善感什么什么的内心。她不修饰自我的言行举止，亦不事夸张，根植于自身经验，以趋于常情和常识的愿望，使用尽量简便的方式表达自己的看法。这些看法，看上去既没有获得过大师圣贤的理论支持，也似乎不具备"普适价值"。它们只活跃在不加V本人那摊子血肉之中，间或传染给信服的粉丝和读者，仅此而已。哪怕她的书确实卖得很好，也改变不了这一事实。甭想在她那里看到公知们基于"道义""良知"的呐喊、关怀和感动，也甭想看到"超越"这个时代的预言和箴言（事实上我觉得未来的人口可能会更喜爱不加V）。她不是什么边缘人，她鲜活在自己生活的中心地带，这压根就不具备代表性和代言意义。甚至这个人在当代中国的独一无二亦非其本人特立独行的结果，也许只能归为命运使然——如果她嫁给初恋男友成为潮汕地区常见的贤妻良母也未为不可，只是她和你我一样没能如此罢了。

正能量和人民暴力史

和《千钧一发》比较，《神探亨特张》显得琐碎和混乱。但这不代表二者的叙述策略有什么太大的区别。老鱼和老张，都是警察，而本质上就是市井小人物，他们日子过得谈不上多么美满幸福，和其他人物一样，破事缠身，活得疲惫不堪却必须打起精神活下去，这基本是中国人的日常生活。然后就是他们途经大街小巷，像《清明上河图》让我们看到大宋的街景一样。到处都是活人，老老实实或不择手段地活着，偶尔也有人会死，死于别人的活法，死于自己那摊子事儿。这，就是我们日常生活的生态系统。最后，老鱼和老张完成了自己"当天"的任务，也就是把这一天的"活"以及"活儿"给打发了。他们不会因此而兴高采烈，或者他们更加疲惫不堪了。

从这一点看，琐碎和混乱并没有干扰这部电影的叙事策略，而使之松而不散。我倒想到散文的指导思想，所谓"形散神不散"。它仍然不紧不慢、节奏均衡、条理清晰地把一件事原原本本地讲了出来。作为一个历史久远的抒情大国，叙事难度像便秘一样长期困扰着中国的导演和作家们。看样子高群书对此颇为敏感和谨慎。

从题材上看，导演高群书虽然参与制作过《东京大审判》这样的"大电影"，但就其大多数作品来说，他显然更倾向于拍"小电影"。特征是：当下、小人物、市井、群众，以及他们的生存境遇和情感真相。此外，还有一点就是"反英雄主义"。这个世界没有英雄，这是一个世界观和常识问题。即便在《风声》这种"谍战片"中，动人之处不在于间谍们的智慧以及这些智慧在惊险中的弄巧成拙和绝处逢生，而是"人"的那一面。人有什么？他们是情感动物，是血肉之躯，都想吃口热的，都是爹妈生的。

关于"当下"的题材问题，也恰恰是这个国度这个时代所缺的一种"德"。规避当下的现实生活及种种问题，很容易就被推诿到政治要求和审查制度上去。这固然是根源所在，但并非全部原因。寻求权力靠山和唯利是图才是核心问题。我们很难看到一个作家一个导演在这方面付诸努力。我的理解，努力去做，正是高群书在电影中强调的"正能量"。成了败了其次，去碰去试就是一种"德"。这个国家并不缺北京奥运开幕式那种"史诗"，史诗太多了，五千年被封存在线装书里的文明，确实牛逼。成千上万的人能在瞬间批量死亡，也很牛逼。现实生活的场景如此分裂，我们强忍着千刀万剐的现实之痛，却又在荧幕前被史诗、娱乐节目、歌咏比赛搞得鸡血淋漓、前仰后合。这到底是什么样的人种啊。

基于此，使用微博活跃人士集体出演这部电影，我倒不以为是一种幽默和游戏精神。"微博中国"（本人发明的词，以区别于"电视中国"）作为中国的一个重要部分，它本身就和电影中的坑蒙拐骗偷等一切邪恶和正义密切相关。演员的选择和电影所要表现的当下市井生态，前者作为形式主义，可谓恰到好处。我臆测高群书并非是希望使用大V来召唤票房，从票房考虑，黄晓明扮演老张，范冰冰扮演票爷，可能更好。就做一部"微博电影"，框死它，局限它，又有什么不可以？

我还注意到高群书在谈论这部电影时提到的"人民暴力史"一说。电影中绝大多数角色都是施暴和受虐的典型人物。譬如换假币女在对他人施暴（广义上）的同时，自己的女儿却在街面上遭受肇事司机的反复碾压。南斯拉夫导演库斯图里卡曾经如此赞美其祖国："我在这样一个国家出生，希望、欢笑和生活之乐，在那里比在世上其他任何地方都更强有力，邪恶也是如此，因此你不是行恶就是受害。"挪用到中国来也未为不可，不过，库斯图里卡将行恶和受害做了割裂，构成选项。在《神探亨特张》里却并非如此，老张抓过一个贼,后者在逃跑中遭遇车祸,瘫痪在床。这或许表明,贼是暴力,抓贼也是暴力。换言之,邪恶是一种暴力,正义同样也是暴力。

读中国旧小说

近大半年来，一直在读（包括重读）中国古代小说。鲁迅已经在《中国小说史略》中对中国小说作过明晰的分类，这一分类已经涵盖了小说和世界的基本关系。将这些关系挪用于西方小说，我觉得亦可适用。说白了，小说就是描述人间景象，宏观微观均在其内。

白话文以来的中国小说几乎完全放弃了旧小说的传统，这和整个语境有关。晚清开始的中国政治、军事和经济的衰败，要求"崛起"和"复兴"，这一民族情感也影响到了小说。小说样貌自此彻底改观。物竞天择、适者生存、救亡图存之外，还要强大，也就是要成功。某种意义上说，进化论是当代成功学的理论基础之一。中国白话文小说在大面儿上应该和纺织、军工等实业一样推动中国的进步，或按鲁迅的话说："改变人种"；在小面儿上亦可使作者本人的文学野心达成，再不济也可成名成家。也就是说，中国现代小说自发轫之日始，其功利主义就是写在脑门上并深入骨髓的。不过，无论大小功利，按照马克斯·韦伯的观点来看，遵循的也仅仅是"责任伦理"（当事人对其行动后果负责），并无"信仰伦理"（基督徒的一切荣誉归功于上帝）的影子。

不过，诚如某句俗话所说"艺术从来不在进化论体系之内"，小说亦然。一百年来的白话文小说的孜孜以求，似乎并没有改变这一点：中国的小说高峰仍然在明清。"中国的卡夫卡""中国的博尔赫斯"……此类虚饰本就是个笑谈，印在腰封上除了让有识之士恶心，也只能算个外行的商业广告用语。而"当代《红楼梦》"、"当代《儒林外史》"……则大不同，既不幽默，也不可比，除了恬不知耻，好在仍不失致敬之意。名著在上，其势巍峨，叹为观止，不服不行。

中国旧小说的好，在我看来，理应是个共识，没有辩论的必要。在很多时候，就我个人（一个使用汉字的中国人）而言，比较之下，中国旧小说的好与西方经典的好，前者更契我心。而中国旧小说的好，好就好在功利主义的一无所有和自由主义的甚嚣尘上。

众所周知，在皇帝被推翻之前的中国语境中，小说因不便为圣贤发声乃至诲淫诲盗而往往被排除在正统之外，"禁"和"销毁"是它们最普遍的命运。在中国，诗是高贵的，李贺可以给王昌龄递诗求举荐。小说呢，晴雯就是小说："心比天高，身为下贱"。这一源自话本，来自勾栏茶肆的文体，混迹于市井小民，荡漾于戏子婊子之间的表达方式，不仅卑贱，对其作者来说，写作也堪称一个文人的堕落。一部小说写完，作者甚至懒得署上真名。比如说吧，"兰陵笑笑生"到底是谁？作者很清楚的一点是，《金瓶梅》不仅无法给他带来任何名利上的好处，反而可能对其"清名"构成玷污。曹雪芹的《红楼梦》没写完就被传抄开了，一时震动京城，直达天听。而作者本人还是"举家食粥酒常赊"，最后在癸未除夕（乾隆二十八年）泪尽而死。

那么，使用毛笔在稿纸上一个字一个字写上百八十个章回洋洋百万言的动力，到底在哪里？那只能是美学追求以及掏心挖肺的抒情欲望。这一欲望并非刻板的表制文体和娇小的诗歌所能承载，亦非平庸肮脏的现实世界所能疏浚。他必须亲手创造一个虚拟的世界，在这个与己身相交抑或平行的世界里方能获得精神层面的酣畅和自由。小说的写作因为功名的不在场，因为不存在任何审查和自我审查，因为极端的私密性，反而构成了写作上的无限自由。这一自由，既确保了才华的倾泻，也造成了恶俗、淫乱、暴力等一切极端现象。旧小说的极端现象几乎是普遍的。有多大限度的自由即有多大限度的极端。旧小说的写作自由几乎是人类有史以来之最。

当然，小说写出来是给人看的，一如话本是要在勾栏里表演的。在古人的小说写作中，潜在和想象中的读者可能才是唯一制约作者的因素。讨好、卖弄、迎合、寻找知己，不一而足，他们因此竭尽能事，无限放大自己的才能（好作品），或放大自己的无能（烂作品）。淘洗之后，平庸之作鲜有人知，我们现在所看到的，就是那些杰作。这些数百年前的杰作，就眼下看来，从来没有思想观念上的远见卓识，也从无技术层面的创新，但它们仍然美艳无比、感人至深。这似乎是无法解释的。这就好比当我们仰望星空，亿万年来，星空几乎永恒，群星闪烁，何尝有过一点新意？那么，我们为什么要仰望星空，为什么常常感动？我想，与星空有关，中国旧小说或许存在韦伯所说的"信仰伦理"。也就是这个世界存在着高于时空的事物，中国旧小说传达了这一事物。

读黄仲则

黄仲则，生于乾隆年间，亦死于乾隆年间，活了三十五岁。这一方面怪乾隆太能活了（历史上寿命最长的皇帝，八十八岁），另一方面怪黄仲则命太薄了。照某种人生观来看，一个人仅仅活在一个年号里，毕竟是件"没见过世面"的事。几朝元老，须发皓白，德高望重，子孙满堂，这似乎才是件"美差"。到底是否真那样？谁知道呢。

黄仲则祖先据说是黄庭坚，这跟当代南京作家黄梵一样。黄庭坚晚年定居黄冈，繁衍了一个黄家村，黄梵就是黄冈黄家村的。总之黄梵有次提到这茬，让我大吃一惊，一度让我怀疑自己也有个非常了得的祖先。后来我跟别人还谈论过祖先的问题，但当我想到赵志明的祖先是赵高李瑞强的祖先是李莲英后，就没法谈了。不过，作为古人，黄仲则是很看重这一点的。他的一个朋友给过他一方宋印，上有"山谷子孙"，他很感激。也有一个朋友跟他说，平生只爱二黄，一是黄庭坚，二是黄仲则。这大概是奉承，也可能是真相。

不过，黄仲则和黄庭坚是两码事，他们的诗太不一样了。

命薄其实不值得夸耀，就如疾病不值得赞美一样。不过，中国总有些在我看来脑子灌屎的人（也算偏见），他们很享受和赞美这些。诚如有人讽刺鲁迅的那样，咳两口血，丫鬟扶着到阶下看海棠。这个画面虽为讽刺，但确实饱含了中国美学中隶属于梅毒的那一部分。我是一个"生命健康主义者"，生活中也只喜欢和这种人玩。生理和心理层面的病秧子及癌症患者，避之不及。但读东西则另说。

黄仲则的命薄并非他只活了三十来岁就死了，他的命一直不好。四岁就没了爹，紧接着大哥也死了，和他妈妈彻底成了孤儿寡母。在其后短暂的一生中，他只中过秀才，从此再没有取得任何功名。当然，他始终对科考没有兴趣，这么说也许不对，必须用他自己的话来说："心块然不知其可好。"疑惑，不知道这（科考当官）都是要干吗？有次考试，都快考了，他还躺在床上蒙着被子，别人扯他被子，原来他早醒了，只是得了两句诗，想续下去。这说明诗在他那里确实是"好"的。

身体一直不好，也是他命薄的内容之一。他家三代人寿命都不长，他爹死得早，他死得早，他唯一的儿子也死得早。郁达夫认为他有肺结核。这几乎是肯定的。十九岁，娶妻后，他就开始了游荡生涯。游荡，看山水，是古人必修的功课。所谓"胸中有丘壑"。我个人觉得，中国文化的主流意识是不太在意人是万物灵长的,中国古人试图努力的方向是将自己混淆于山水草木之间,包括房子的用色,也基本都是黑白及介于二者之间的灰。这种颜色选择理应是尽量不凸显"我"的存在。中国的平等观是很玄妙的,它不强调权利平等、阶级平等和人格平等(人格算个屁),它强调的是浑然一体式的平等。即,无论你是皇帝还是贩夫走卒,无论你是人还是畜生,无论你是诗人还是日月星辰山川草木,所有的一切都是此消彼长的自然的一部分。何为自然?是什么样子就什么样子。所以黄仲则也必须要浑然去,要将自己混淆到这些万物之中。有一次,他在安徽的一座山上,下起了大雨。他也不避雨,就坐在那里试图将自己和一块山石等同起来。一个放羊的看到,"以为异"。这个段子很重要,那就是,人又毕竟是人,不是山石,和山石等同虽是人心向往之的事,但"以为异"则又表明人还是很清楚自己的处境——一块活肉而已。这可能才是真正的悲剧。

二十九岁以前,黄仲则主要在江浙两湖游荡,以门客幕僚的身份寄食于一些欣赏他的官员朋友家中。比如他就在袁枚的随园(今南京师范大学本部)住过,也被这个会诗会吃的名士誉为"当代李白"。除了山川草木,他也结识了很多像袁枚这样的朋友。这些朋友大多很欣赏他,按照他死后很多纪念文章透露出来的信息,他应该是个很瘦的人(与他的肺结核有关),喜欢穿一身白,被洪亮吉描画为"白袷少年,立日影中",如见其人。朋友们喜欢他的诗,吹捧起来也很肉麻,说是当代能作汉唐魏晋诗的也就这个黄仲则了。这大概说明黄仲则在他那个时代在精神和美学上是少有的能和更古的人接上的诗人。而他的诗的格调,则是"好作幽苦语"(自叙)。他不是一个兴致勃勃的人,也不是爱笑的人。"狂傲少谐","上视不顾",气质高迈,不容于俗物。他在二十几岁就清楚地认识到自己不会活很久。有一天,好像也是在山林之间,感伤的他突然拜托洪亮吉将来在他死后帮他整理诗稿照顾家人,洪亮吉认为他这话"不伦",未予理睬,结果他就给自己的这个朋友跪了下来。洪亮吉也是一个好人,后来确实是这么干的。洪亮吉比黄仲则多活了二三十年,他们的友谊在这二三十年里仍在延续,直到洪也死掉。

这段时期黄仲则总是每年春天出来,到了年底才回一趟武进老家。所以他的诗有众多叫"除夕"的,而且恰恰是这些诗都写得特别动人。如"饮为病游千里减,瘦因吟过万山归"(《壬辰除夕》),如"悄立市桥人不识,一星如月看多时"(《癸巳除夕偶成》)。陈毅(就是那个元帅)说得挺好:"他的兽(肉体)失了主宰,只好在风露中痴立,如他的灵不转来,他或许要永远如此的。"关于"悄立",黄仲则似乎很拿手,经常灵魂出窍。再如"羡尔牛女逢隔岁,为谁风露立多时"(《秋夕》),又如"停樽无一言,伫看新弦月"(《春夜杂咏》)。

回到除夕这点上来。确实，他诸多除夕诗让我觉得，这个人总是在腊月三十那一天才回家，披风戴雪推开家门，老母妻儿都等着他带回来点什么年货，而他又总是空着双手。"全家都在风声里，九月衣裳未剪裁"，好在他的家人也似乎很能理解他，人回来了就好，"老亲白发欣簪胜，稚子红炉笑作围"。虽然他追慕的前辈诗人是李白，但在贫穷和家累上，他的诗作更像杜甫，赤诚、沉痛。他希望自己能像李白那样只干两件事：求仙和饮酒，但他一辈子都没能做到，生计问题始终困扰着他。他只生活在朋友圈中，靠朋友的赏识来过活，从来没有成为李白那种惊动中央闻名天下的文化名人。所以，他的一生结局更像杜甫，飘荡、艰辛，最后客死途中。和杜甫的区别是，他没有多少天下苍生意识，也就是他脑子里没有政治，既不想作锦绣文章，也不想上马杀贼，这与他对科考的怀疑有关。他只关心人柔软的内心以及在他看来美好的事物。也可以说，他比杜甫更"内在"，更"像"一个诗人。或者说，他只是一个诗人，没有其他。可以说，他是中国古代非常少见的"职业诗人"。后来他去北京，也是因为诗。他说自己的诗写到现在缺少"幽并之气"，他不能原谅自己这一点。

刚去北京，虽仍然是生活在江南认识的朋友圈中，但他一个人过得还不错。天天好酒好肉宴席不断，还可以像在江浙一样四处游荡（最远去爬过西安的大雁塔）。而且自康熙年间就开始的西北叛乱在这时候平定了，天下彻底太平了，皇帝很高兴，叫在京的士人写诗赞颂这一盛世的到来。相当于一次征文活动。黄仲则写了，获得二等奖。此次征文奖励是一等奖赐予举人的功名，二等奖虽无，也有国家政策安排。他被安排到当时正在编撰的四库全书编辑部当了一名校录，相当于一名校对和誊写员。而校录只是一个暂时工作，政策上将来是会外放当差的，被吏部委派去县里当一名县丞（县令的助手，或执行县令）。总之，刚到北京，他运气不错，以至于让他错觉"居长安大不易"是值得商量的，所以次年他叫家人把祖宅和半顷田地都卖了，举家（母妻一儿两女共五口人）迁到了北京。黄仲则确实是个不会过日子的，他微薄的校录薪水和朋友圈的蹭饭养活自己足够，养活一家老小就困难了。自此，他的青春时代算是彻底结束了，过上了贫病交加的"晚年"生活。在他的"晚年"，四处举债。在死之前一年，他已经完全支撑不住，不得已将家人轰回了江南（也不知他卖掉的房子和地是否赎了回来），把自己一个人留在北京耗着。这时候他的身体已经不行了，债主讨厌，过日子还要继续借债。另外，到这个庞大帝国的某一个县里当一介县丞的工作调令也遥遥无期。为了从京城里的糟糕生活中暂且摆脱出来，病中的他耗尽自己最后一点体力和热情逃出了北京，计划去西安找自己这辈子最好的朋友洪亮吉。可惜他的寿命不足以让他抵达西安，在山西运城，另一个朋友家中,他咽下了最后一口气。他的丧事是洪亮吉从西安赶过来替他办的,并由这位老友将灵柩亲自送回了武进。当时七月天气,很热。洪亮吉的挽联是这么写的:"噩耗到三更,老母寡妻唯我托;炎天走千里,素车白马送君归。"

写到这里,不知为何,本人很难过。我也不知道自己为什么要写这个,就是为什么要复述一个人的短暂的一生。一般情况下,我们读古书,读文言文,也许也能觉得好,获得共鸣,但更多的则会有一个东西横在我们脑子里:"这是一个古代的人。"而我在读黄仲则的时候(他的诗和资料汇编),我竟然没有觉得我和这个古代人有任何隔阂。这是一个难得的收获。

中国的鬼

中国人虽然自古就喜谈鬼怪,但对它的态度并不神圣,因为孔子规定了准则:不知生,焉知死,敬而远之。相对而言,街谈巷议,也就是民间,是鬼怪故事的沃土。因来自民间,这些鬼怪故事主要功用在于娱乐消遣。与此同时,其中套路式的劝世理论、因果报应以及将现世生活投射于神鬼二界的技术性做法(阴间仍然是一个以阎王为最高统治者的专制政治体系)往往消解了鬼怪的恐怖系数,从而使之形成了儒家学说纲常礼教的"外编"。

干宝《搜神记》也不吓人,不过那会儿主要是道家方士的时代,多少还有点万物有灵、大千世界神秘而人不可解的意思。但越往后,《太平广记》,再到《阅微草堂笔记》之类的笔记体,鬼怪故事不仅是某种道德伦理上的"劝世良言",而且还演变成了某种文人趣味。直到周作人"街头终日听谈鬼",它不仅带有"革命性"地弃儒家本义于不顾,而且已然成为文人"个性"和"趣味"的追求道具,遑论对未知和神秘的探索精神？一个人深夜读《聊斋》，是很难毛骨悚然的。鉴于"牛鬼蛇神倒比正人君子更可爱"，《聊斋》的不朽与恐惧无关，反而在于它的温暖。现世和现实的污浊是有目共睹的，而那些未经现世污染的个体存在（人鬼狐等"异"）如何不叫人感动？

追求传奇性，也就是故事性，而非最大程度的恐怖效果，是中国鬼怪故事的伟大传统。不久前上映的电影《京城81号》就是个当代活例。

真正吓人的是不可解，是没来由，即那些在现实伦理和逻辑之外的事物。日本人似乎更谙此道。比如在《百物语》中，一个小和尚爱吃人肉，起因是他在帮师傅剃头时一时手滑割掉了后者一块头皮，为了掩饰自己的错误，他将那块头皮吃了下去，并自此发觉人肉乃不可匹敌的美味。这貌似有源头和来由，但细拷之，你会发现并非如此。虽然《午夜凶铃》和《咒怨》最终也都找到了"闹鬼"的源头，但贞子爬出电视、明明看见一个女孩进了卫生间而当你打开门找她时却什么也没有……此类细节的不可理喻正是滋生恐惧的暗湿土壤。寻找源头和解释，可能是克服恐惧的唯一办法。而当我们置身于这一寻找途中迷失方向后，恐惧则会表现出最有力的一面，一如《2001太空漫游》中那块黑色的石碑。

也就是说，如果我们想得到酣畅淋漓的恐惧，那么首先就应该使其没有任何道理可言，而在你寻找它的答案的过程中，则必须迷路。基于上述，中国的鬼怪故事基本与此无关。这么说，不是攻击中国古代鬼怪故事有何不好，而只是说其传统方式如此。中国鬼怪故事直指的是人心，也就是竭力获取世俗的情感共鸣。凛然一惊，继而三省吾身，算是最高境界。所以我不妨讲一个与此有关的当代鬼故事：

小的时候，我和张德贵是非常好的朋友，是村里的祸害，经常一起开展偷邻居家的黄瓜之类的活动。每次进行此类活动之前，他都会敲我的窗户，然后我爬出去。当然，我们现在都长大了，不会再干这些了，而且也有很多年没见了。昨天晚上十一点多的时候，我正在网上斗地主，我又听到有人敲我的窗户，一看，果然是张德贵，他几乎没有任何变化。我非常高兴，正想起身，想问问他今晚有什么活动安排，但不知道为什么，我没有一点力气站得起来，我瘫坐在椅子上只想到一个问题：我现在住在二十二楼。

这是我这些年来看到的最为文学最为伤感的鬼故事。它几乎就是当代中国人的共同经验：童年记忆、成长的不可操纵、城乡变迁史、漫无目的的人生及其荒诞感，以及在这整个过程中必不可少的生离死别和阴阳相隔。乃至于它构成了当代中国的某种象征。对比于《京城 81 号》这种都市题材的鬼怪电影，其固然没有资本、美女、爱情、凶杀、幽怨等传奇性，也就是没有任何"看点"。确实如此，人们热衷于那些己身不具的东西，而对己身所经验的惊悚恐惧和锥心泣血的事物浑然不觉。但请大家相信我,当你坐下来凝视镜中的自己,你是会被自己吓坏的。因为你自己就是鬼,或者是它的一部分。

乡村再认识

我出生于农村,师范毕业后又返乡教书,之后才进城买房定居。拢共算起来,我有近二十年的乡村生活经验。我的写作,也总是会涉及乡村,这是必然的。在某种意义上,乡村生活是我最为重大的生命体验。不知别人是否如此:进城十多年来,哪怕是在广州飘着的那一年,乃至在德国待过的那一个月,睡梦中的景象仍大多是我熟悉的那个村庄及其相关人物。每次醒来,我一方面惊讶于乡村在记忆(潜意识)中的不二位置,另一方面也确实黯然神伤。

乡村于我如此重要,但遗憾的是,我不仅不喜欢中国乡村,也讨厌将乡村升格为"精神家园",以及"乡愁""近乡情怯"之类的表述。这倒并非乡村生活对我曾产生过多少心理阴影,事实恰恰相反,其平淡或平庸一如我眼下的生活境遇,可谓正常之极。在我这里,无论生活在哪里,我都不抱任何指涉"惊喜"和"幸福"的希望。除了在时间节点上,其他方面,乡村—城市、南京—异地,它们没有先后、优劣之分。这是一个世界观的问题，本无道理可言，正所谓"一说便俗"。不过在一些文章和访谈里，我还是零星提到过自己对乡村"深恶痛绝"的理由。归纳起来大致是：

1. 关于农活。囿于中国特有的政治和土地因素，以及一个人好逸恶劳的天性，中国农活在我看来，完全属于如刨似拱式的操作，其泥泞和艰辛非抒情人士所敢当。当牛做马猪狗不如自是应有之义。

2. 自然环境问题。农村理论上更接近自然，在中国城市多数已不宜人类居住的当下，更显"净土"之珍贵。不过，事实却并非如此。中国农村没有建设规划，没有排泄系统，没有垃圾处理机制，所以，除了大面积的绿色（庄稼和蔬菜），触目惊心的是遍地的垃圾、横遭污染的河流和混乱而丑陋的村落。关于后者，我们很多人都去过西递、宏村那样的古村落（现已是旅游景点而并非"农村"），或者云贵苗寨，我们会明显地感觉到一点，那就是古人的美学思想并不会因为穷乡僻壤而有所让步。追求美追求宜居，缘起于堪舆风水并糅合中国哲学和美学思想的建筑传统在中国当代仿佛是一瞬间就完全消失了。当然，中国城市亦然，丑陋恶俗之极，因是题外话，就不赘述了。在这种情况下，品质低劣的当代风水学却沉渣泛起，招财童子，关圣帝君，真是妖道横行，让人匪夷所思。

3. 人际。中国是一个农业文明，村庄的聚落形式决定了中国的人际关系。往大了说，其一切伦理思想和处世哲学都是村落人际的延伸。而反观乡村，它不仅具备中国人际关系所有违背人性人心的地方，也独具其原始状态的野蛮和粗鄙。强人政治、裙带关系、三姑六婆、长舌妇、听窗和逾墙、露阴和窥阴、欺侮和倾轧，等等，不一而足。祥林嫂想把自己撞死而未死，《早春二月》里的主人公最后远走他乡，都是因此。所以我说，城市的单元房、防盗门和防盗网反而确保了一个人在中国当下最大限度的"自由"，这真是一个巨大的讽刺。

4. 人道灾难。近三十年来的民工潮已经彻底陷中国农村于下流之地。青壮年进城打工，留下老人和儿童。前者在城市备受资本的压迫，后者则以苟延残喘和自生自灭的方式活着。如果细看，中国当代的绝大多数社会问题和犯罪记录其身后都有一个农村背景。

以上所说，有点偏离我的知识水平，就不多说了。作为一名写作者，我的意思是，我并不信任当代作家书写的有关农村的文字。他们矢志于将农村戏剧化、寓言化、抒情化，乃至神化，而罔顾其真相。在我的经验中，田园牧歌是不存在的。此外，我也不信任所谓的针对农村的"底层写作"以及"现实主义批判"。批判并非写作，它只是一种基本良知，是人之为人的那部分内容。将批判与写作混为一谈，显然是自作多情和功利套路，最终将文学降格为社会政治学的奴婢。对于任何呈现真实的作品而言,批判主义只是其基本构件而已,何须大加笔墨?在这个农民国度,我希望同行和本人能写出有关农村的诚实的作品,这是一件很重要的事。

南　京

在进城读书之前，我一直生活在南京郊区。虽然名义上也算一个南京人，但我们那个郊区几乎全是安徽移民（源自上世纪初中叶的人口流亡潮），语言、风俗习惯以至于整个人文生态系统都有别于南京城。进城多年之后，我渐渐发现，南京城里住着的，也委实没有什么"南京人"。

作为一个流亡和过渡城市，南京在两千年的中国历史上一直充当着很不光彩的角色。它总是收留那些崩溃的中原政权，供其苟延残喘。地处吴地，南京话却完全不同于吴语，属北方语系，这应拜那些中原逃难政权所赐。此外，宿命或冥冥之中，几乎所有在此定都的王朝都像个夭折的孩子那样在人间匆忙一啼，转瞬寂然，让活着的人黯然神伤、长吁短叹。所以，"六朝古都""十朝都会"这样听起来挺光鲜的词汇，其骨子里却是动荡、短促和忧郁。

一个又一个政权栽在南京这块"虎踞龙盘"（这一政治风水描述真是反讽）之地后，现在人们提到南京大概第一印象是"南京大屠杀",三十万人罹难,大屠杀纪念馆大门上是这么写的:300000。这个整数真是触目惊心而又让人不忍考量。我不止一次被人追问:"南京马路上难道会有日本车?"去年在邯郸,有人就这么问。我告诉他,有,不比别处多,也不比别处少。然后我因地制宜地想起秦灭赵国的时候,活埋了四十二万赵人。不过我懒得问他:"那你恨不恨陕西人呢?"这很无聊。我的意思是说,东方民族在战争中惯用屠城方式,南京就是一个被不断屠城的地方。远了不说,近代,日本人干过,洪秀全、曾国荃也都干过。

哪里会有什么"老南京"!

虽然和其他地方一样,也在口号里叫嚣"做强做大",但南京结构破碎。虽然也热衷于"亮化工程",但古城墙在那儿呢,色调天然暗淡。气候上,严寒酷暑,阴雨连绵,加之法国梧桐(悬铃木)的落叶纷纷,怎么看怎么都像一块伤心宝地。老实说,谈一场失败的恋爱,此地绝佳。因此,它会使这场恋爱刻骨铭心。不过,当它结束,是无需号啕,也无需幽咽的,因为刻骨铭心这些玩意儿只能叫人滋生绝望。你只需使用干枯的表情腆着一张大脸戳在那些湖光城影之中即可。起码你在北京人脸上能看到绘声绘色那样的东西,上海女人也会有可笑的矜持,广州则人人一副兴冲冲或"劲儿劲儿"的德性。这些南京人脸上都没有。南京人没有表情。他们面无表情地骑着电动车在人流和车流中窜来窜去,偶尔用车刹发出一声刺耳的尖叫。这和南京话如出一辙。南京话没有温柔的部分,男性生殖器开头女性生殖器结尾的表达程式,使南京话呈现出一种逞凶斗狠的特色。

当然,事实并非如此。比较之下,南京人不算好斗。没听说南京出过什么豪杰或枭雄、伟人或魔鬼。略去中国人固有的农民式狡黠,南京人也不算狠毒和狡诈。南京人还有一个雅号,叫"南京大萝卜"。出处不详。大致意思是南京人比较直,不搞弯弯绕那一套,于是也便显得粗枝大叶、蠢笨呆傻。南京人都是过日子的小市民,鲜有闯天下的大人物,名不见经传。这里有一点需要格外说明,几乎所有与南京有关的名人轶事,都不是南京当地人搞出来的。民国年间,各式权贵玩出的各种花样各种佳话,他们最多是首都人口,而非南京人。即便现如今,仍然不是。据我了解,南京各衙门的权力,大都掌控在操持苏北口音的人手中。有的干了几年,升迁了;有的不济,栽在了南京。不过,无论他们或迁或刑,在任期间,都爱说"我是南京人"。这有点意思。

因为苏南在地缘、语言和感情上更认同上海,苏北人对南京的影响越来越重要。1949年过江进城的那拨解放军很多就是淮海战役的原班人马。某种意义上你不得不承认,苏北人在那会儿就是以占领者的身份出现的。他们都是干部。一晃六十多年过去,这批苏北人的后代俨然已成为"老南京"。但在这六十多年中,苏北人一直以人才的方式源源不断地涌入南京。当然，每个省份都是这样，省会城市必将成为这一地区权力和资源的重心，是周边地区穷苦孩子出人头地的最为便捷的名利场。苏北就是这样，升学率奇高，高考成绩惊人，许多南京家长把自己在学习成绩上无药可救的孩子往苏北高中送。就算成不了所谓的人才，打工首选也是省会。南京的民工确实以苏北人居多。苏北人显然比世袭的"老南京"更有闯劲，此应有之义，亦可谓是中国几千年来的普遍规律。一如辽金元清，他们一心要当"北京人"。题外话，在闯劲这一点上，我更推崇安徽无为人，他们比苏北更穷，所以他们跑得更远更广，他们最早到北京当小保姆，现在遍及全国。至于福建和广东人，因为他们有个"国际视野"，不在这个体系，就不赘言了。

关于苏北人对南京的影响，从饮食上也可见一斑。这十多年来，每入夏，南京都有一道奇观，就是扶老携幼吃龙虾。而吃龙虾，以吃盱眙龙虾为尊为时尚。盱眙那地方我去过，淮安下面的一个县，穷。当然，北上广也吃龙虾，也有盱眙牌的，但像南京这么大规模吃，是少见的。还有个就是徐州地锅鸡。江苏境内，虽有赫赫有名的是维扬菜，但委实不怎么样，没见几家馆子。在南京，遍地开花的徐州菜馆会让你觉得徐州菜可以代替维扬菜跻身八大菜系。就是这样，湘菜、川菜和徐州菜，在南京三足鼎立，生意最好。进湘、川菜馆，就体会个辣，干辣和油辣。与它们不同的是，徐州菜馆的爆棚食客可不是来体会"异域风味"的，徐州菜馆里的食客几乎全是徐州人。他们能使家乡菜在南京遍地开花并用同乡来捧场把生意火爆进行下去，可知在宁徐州人多到什么地步。

那么，南京本地饮食有什么？扬名在外的恐怕是鸭血粉丝汤之类的小吃。小吃，不是大吃。垫吧垫吧的饭前点心而已。南京人爱吃野菜也有名，马兰头、茼蒿、芦蒿等等。不过，无论是小吃还是野菜，听上去都有点不正规，狗肉上不了桌子似的。赴人家宴，那只能视这家人原籍何方了。简言之，没有"南京菜"。

对于游客来说，中山陵、玄武湖、总统府之类的名胜古迹大概确实值得他们到此一游，六百年前镌刻着工匠和官员姓名的古城砖到处都是，砌为马路牙子也是有的。好听点，这叫从容，而本质上，这些对于南京人来说，它们仅仅是一个背景。一如村庄的夏天，铺天盖地、撕心裂肺的蝉噪也是背景，没人听得见看得到它们，也不愿，没那心情。南京人唯一关心的似乎就是日子怎么过。新建的地铁 N 号线经过哪里，房价是否因之上涨。没有人关心天下大事，也没多少人关心自己。一心扑在亲友、同事等庸常人际之间，不觉老之将至，然后争取做一个合格的退休职工，跳跳广场舞，再然后，死掉，在清明等待儿孙来到坟前烧几刀纸。这是一个高度饱和、高度稳定、秩序井然的城市。穷人，富人，官员，百姓，卖彩票的，买彩票的……无论是好还是坏，一切就像被混凝土浇筑成型那样，日复一日，一动不动，没有任何生命迹象地无比强壮着。甚至没有裂缝，它无法养活一个闲人，没有一个桥洞允许流浪汉凑合一夜。浪漫、激情、梦想诸如此类都是生活的赘肉。面无表情地骑上电动车去上班，才是正经。

显然，上述也并非个案。某种程度上它几乎是所有中国一二线城市的集体肖像。和那些全国各地居民楼、政府大楼、小卖部、五金店一样，与"办证13××××××××"字体一样，与炫富者的乳沟、民工拿到欠薪时的笑容一样，一切都不陌生，一切都像批量生产的。我曾将此誉为"墓碑式存在"。墓碑既是终结，又可达"永恒"。作为一个在南京生活三十多年的人，我对家乡可没有什么好感。我还可以说自己痛恨南京。但我的痛恨不是基于比较，等待离开，并不奢望这个世界有更好的城市，而仅仅是，我对一个地方的痛恨与我居住时间的长短成正比。因为我有必要提醒自己，如果我们对庸俗的生活放弃痛恨，这是不可原谅的。我也拿过关于南京的问题请教过撰写《老南京》的作家叶兆言，他答的还算机智。他说，南京于他而言，就是一个住了几十年的窝。对我来说，也如是。

贵州手记

身份问题

在中国，不是你自己说你是干吗的就是干吗的，需要一个"证明"。我看西方电影和文学作品，以及和西方人打交道，偶尔有人自称作家，有时甚至是个中学生也敢这么自我定位，而且别人听了也不怀疑不惊叹。在中国这可是不行的。在中国这叫恬不知耻，你胆敢自称作家，别人就会问你写过什么大作，出版过什么作品，是否认识什么人什么人（某某知名作家，具体到2012年以后，就是你是否认识莫言）。关于这事，我是这么想的：因为意识形态原因，作家在中国是一个"阶层身份"或"地位身份"，而不仅仅是"写作身份"，也就是说作家像一个爵位一样是要被官方封赐，然后依托官方的发表、出版和奖励机制向民间推广，才能为人接受。长期以来，自由写作的非作协会员被誉为带有贬义的"写手"和"撰稿人"，就是这个道理。其次，由之产生的等级制又将作家划分为知名和不知名的，不知名作家自称作家不仅不能提高自我认识，反而只能招致他人的嘲讽和质疑。大众对文学的认知至今仍停留在唐诗宋词、《红楼梦》和鲁迅的中小学语文教材层面上，也可以说，当一个农民或工人问你"床前明月光"下句是什么，你答不上来的话，在他看来，你的"文学素养"连他都不如，怎么能说自己是作家呢。换言之，如果你不是一个知名作家，为了证明自己是个作家，你最好随身携带作协会员证和一本有书号的公开出版物，如果你出版作品使用的是笔名，最好在公开出版作品的时候在书上印上你的标准照（不要和身份证上的照片有太大出入），以便他人准确无误地将你认出来。

说这么多，旨在表明，我基本就是个非常不著名的"作家"，尤其是在2010年我正式出版小说之前。所以2008年《时尚先生》的主编钭江明找到我的时候，我挺惊讶的。虽然我已经写了将近十年小说，在各种文学刊物上也发表过一些作品，但，不仅在13亿人里，就是在所谓的文学圈，在所谓的"民间"，在所谓的"自由作家"里，知道我写作的人也是极少的，信任我写作能力的人更少。钭江明一直在时尚媒体圈，从何得知我这样的孤魂游鬼，并委以写作重任，这确实是个不简单的事。我现在只能理解为这是缘分。

钭江明以前是南方报业集团的资深编辑，做过许多"大事"。后来到北京主编《时尚先生》。按中国媒体行情来看，这是一本所谓的高端男性读物。在我看来，这本杂志是教导雨后春笋般涌现出来的暴发户们（也就是邓小平"让"先富起来的那些人）如何装饰自己的杂志。在物质上，诸如服装、汽车、名表、红酒、家居自然是少不了，在所谓精神层面，道啊禅啊旅游探险啊，我不太懂，大致是那些玩意儿吧。它们其实和电视酒类广告中的场景差不多，这些因为发财而发福的老炮们，穿着背带裤，扎着蝴蝶领结，汇聚在山寨的欧式建筑内，手上端着透明的玻璃高脚杯，杯中不是法国南部酒庄的干红，而是茅台或老村长之类的白酒，一个二奶模样的漂亮少妇穿梭其间，笑盈如花地劝他们不要贪杯，他们于是发出了爽朗的笑声，理解为淫笑或许更加合适。

斜江明大致意识到这是这个时代这个国度最丑恶的东西，加之他身上带有来自南方报业集团的新闻理想主义，不免想在《时尚先生》这个平台上做点"有意义的事"。值得一提的是，《时尚先生》的国际背景是1933年创刊的美国《Esquire》杂志，在漫长的历史中，《Esquire》形成了自己诸多的优良传统，"新新闻主义"即是其一。我对"新新闻主义"不太了解，按斜江明跟我的交代，就是使用文学手法再现真实的新闻事件，既不是新闻报道，也不是所谓的报告文学，最好像杜鲁门·卡波特的《冷血》那样，以小说的方式呈现。然后他给了我一个网络链接，这个新闻事件发生在贵州六盘水水城。2007年8月8日，一个叫代天云的摩的司机惨遭杀害，而且警方很快就锁定了凶手，当地一个叫陆凤仁的无业青年。但抓捕十分缓慢，死者代天云的五个哥哥于是动用家族资源，开始自行追凶，时隔一年，他们跨越六个省两百多个县市终于逮着了凶手，而当他们押解陆凤仁返回水城之后，却被警方告知，他们的行为是违法的。

我确实被这个故事给吸引了。于是，2008年12月5日，我来到了贵州，在那儿前后待了十天，通过和代氏弟兄的相处，获得了许多一手资料，然后回到广州写就了《水城弟兄》一文。并于次年四月发表在《时尚先生》上。

这样说，事情似乎十分简单顺利，事实是我遇到了很多困难。首要问题就是前文说到的身份问题。注意，我不是记者，没有记者证，无法进入公检法系统采访，其次，我也不是知名作家，在某种意义上只是个没有单位的自然人。为了免于遭到意想之中的盘问和刁难，临行前我还叫《时尚先生》给我开了几份介绍信，具我的真名，并盖上了《时尚先生》的红戳。没想到《时尚先生》的红戳与我见过的所有单位的红戳都是一样的，即圆形，中间一五角星。老实说，这让我心里着实笑了好一会儿。单说这几份介绍信，它们确实管了点用。2008年12月8日下午，我在代家老五代成军的家中遭遇了当地派出所警察，出示了身份证和介绍信。出乎意料的是，警察同志把我混淆为之前来过的记者，在此情形下，我当然将错就错，不会纠正对方"我不是记者，而是作家"。老实说,我觉得那位警察挺可爱的。次日,在老三代成富家,却并不那么愉快,代成富的大舅子对我很警惕。问我有没有名片?我没有。然后又要求看身份证,我只好将身份证和介绍信给他看了。他看后仍然很不放心:"那么,你到底是干吗的,你想干什么呢?"我被这个问题难住了。老实说,这正是2008年整整一年我在问自己的问题,是我的困惑所在。最后我还是满面羞惭地说道:"我是一名作家,要把你妹婿和他兄弟的事情写成小说。"

危险系数

按代成富的说法,代氏弟兄虽然身高都在150—160cm之间徘徊,但年轻时候都是逞凶斗狠的角色。这在《水城弟兄》中有所描述,在此不赘。要说的是,这里面有两个原因。一是血液里的,也就是遗传;二是当地环境如此,需要他们成为当地"强人"。

代老爷子个子更矮,也更有传奇色彩。早年就离开宗族,独闯江湖,是玩过枪的。按代成富欲语还休的样子,估计当过土匪也未可知。代成富那位检查我身份证的大舅子是这么说的,他说,直到80年代,火车进入该地区,列车员仍然会提醒旅客:"已经进入匪区,乘客请注意安全。"他还说,早些年,外人进了寨子,因为村民看中你那双旅游鞋然后把你弄死也是可能的。他们可不会把你埋掉,而是用铡刀将你切碎,然后倒进猪圈让猪啃掉。这里的猪圈可能是世界上最黑暗的猪圈,早先它们可能住在吊脚房子的底部(为了防潮,人住上方),后来演变为直接被关进了房屋的地下室,只有在被屠杀的那天才被轰出来有幸看到光明。这样的猪圈里的猪会不会在黑暗中长出盔甲和角来?会不会在年关之时从地下室爬出上古时期即已绝迹的怪兽?这不免助长了我的想象力。

1949年政权易手后,新政权曾有过一段艰苦卓绝的剿匪经历,其地点也主要集中在湘西和云贵大山之中。因为地形复杂、山势严峻,此地确为天然的逃亡之所。五千年前黄帝蚩尤之战,以蚩尤战败告终。后者的族人就逃亡至此,躲过黄帝部族的追杀,成为"苗人"。在之后的历史中,这里向来都是蛮荒之地,成为历代中央王朝发配政敌和罪犯的好地方。包括中共自身,在那场名曰长征的著名的逃亡经历中,他们也曾在此地的山道上被国民党追杀得衣衫褴褛、气喘吁吁。代成军所住的猴儿关,山崖上至今还有着某红军将领的题字。如果这支流亡的队伍中那些死去的人在夜晚还会出现的话,他们将会永无休止地在每个夜晚路过代成军的门前。

代成军所住的猴儿关是一个丁字路口,从这里可以到另外一个乡镇,进可以下村寨,出则可以上盘山公路。陆凤仁就是在这个路口遇见代天云，然后上了后者的摩托车后座，二人一起走上了不归路。而在我2008年12月5日来之前不久，就在代成军门前几百米外的山脚下，一个苗人妇女被杀死了。人们发现她的时候，她的肠子全部暴露在外。据当地人的说法，这里几乎每个月都有一个人死于非命。而凶手绝大多数都消失在大山的背后，有的成为其他城市的打工者，有的则泯然于众人。有鉴于此，本人在短短的走访期间，一直遵从代成军的教导，随身带刀。遇见危险，唯有和对方一决高下，别无良策。既不要指望有人出手相助，也别指望死在荒山野岭之后最终有真凶跑出来抵命。相比之下，作为真凶，陆凤仁是很不幸的。他留下了作案痕迹和线索。更要命的是他遭遇了代氏弟兄。

代老爷子先后娶过两任妻子，在水城生下十来个儿女。这些儿女遍布水城各乡镇，形成了一张家族势力网。按代成富的说法，在水城，是没人敢欺负他们代家人的。不仅如此，乡民们反而经常邀请他们出来主持公道。陆凤仁悍然杀害了代氏弟兄中的老幺代天云，完全是少知无识孤陋寡闻的结果。他留下的作案痕迹让代氏弟兄一路摸索到他的门前，他的逃亡方式也被代氏弟兄牢牢掌握，然后准确无误地一举擒获。他的悔恨不仅包括犯罪者应有的悔意，也有之前对代家庞大的势力完全无知的懊恼。他被捉住后就是这么说的，如果知道死者家里势力这么强硬，杀谁不好，他才不会杀代天云呢。

复仇之路

2008年12月9日,我是在老三代成富家过夜的,在他两个儿子的房间。小儿子睡一张床,大儿子在外读技校或中专,所以我只能冒充代成富的长子很不合格地睡在另一张床上。不知是本来如此,还是这张床铺久无人睡,被褥整体向我散发着闻所未闻的怪味。好在白天漫山遍野地跑,腰酸背疼的,所以很快就睡着了,无怪劳动人民总能倒头就睡呢。但是半夜,一个东西重重地落在我的肚子上,将我砸醒了。我像电影中那些做噩梦的人那样在黑暗中坐起了身。惊魂甫定之后,借着山村里夜晚并不明亮但特别清澈的光线,我发现一只重达四五公斤的猫正隔着被子在我肚皮上蜷曲身体,打算和我互相取暖睡个好觉。这是代成富家的猫,白天我见过。我也看到靠近房顶有一扇小窗,它应该是从那儿跳下来的。它也许刚刚吃过一只老鼠,或者刚刚交配过(如果十二月它们也愿意交配的话),然后遵照个人传统在这个时间到这张床上睡觉。而我是无权干涉它的。所以我像和它商量那样将它往床的一侧掀,最后它还是很不情愿地答应了我的要求,在我右腿一侧呼噜了起来。然后我看了看手机,钭江明发来短信问进展如何?我说,我可能没法写出公路片那样的追凶故事，而只能描述当地人的生态系统。斜江明表示，这样最好。事后《水城弟兄》一文也正是按照被猫砸醒之夜的打算写的。

不过，新闻中说代氏弟兄跨越六个省二百个县市并非不存在，我也记录在案，但因内容太多，不便一一追述，本文会用我记录下来的地名的方式简略描述这条艰险的追凶之路。在描述之前有必要说一点，当时追凶的分工是，老五因为有稳定的活计要干，只负责省内追凶，省外则交由有丰富打工经验的老三代成富去干。老三这个人早年就当过长途司机，90年代还携妻儿在山东做过几年生意，后来在水城承包过矿场，因为矿难死过几个工人，被查封了。之后想通过养猪致富，也没成功。虽然眼下流落到开面包车为生，但确实算代氏弟兄里最见过世面和"最有文化"的人（虽然兄弟们都是小学没毕业），以其普通话说得最好为标志，以其爱在儿子们废弃的作业本上写文章为证明。我有幸见过《代成富文集》，他还表示自己将来会把此番追凶经历写成一本书，题目就叫《复仇之路》。

老五代成军的贵州省内追凶路线图

晴隆—兴仁—盘县—镇雄—发耳—二塘—汪家寨—南开—毕节—阳长—张维—织金—茶店—老马冲—牛场—平场

坝—六枝—安顺—新平坝—镇宁—贵阳—都匀—独山。

老五代成军是驾驶摩托在贵州省内追凶的,新闻中的"万里追凶"在其摩托车码表上确实体现为跑了一万多公里。不过,因为和老五交流起来颇为困难(其人不爱说话,普通话也不好),记录并不详细,老三代成富则提供了大量细节。不过,本人仍不想细述。仍以路线图方式呈现,只是根据老三出门趟数来表示:

老三代成富七次出行内外追凶路线图

1. 大理—香格里拉—蒙自—个旧—开远
2. 威宁—东风镇—吉里—香录山—盐仓—观风海—昭通—陆良—富源
3. 新宜—安龙—板坝—沙栗—旧州
4. 贵阳—重庆—西安—泰安—莱芜
5. 新乡—濮阳—开封—宜宾
6. 甘孜—资阳—简阳—泸县—叙永—纳西—毕节—纳雍
7. 温州—绍兴—柳州—砂潭(陆凤仁就在此地的大明砖厂被代氏弟兄捉住)

对于这两张路线图唯一需要补充说明的是，这些地方遍布各种矿场（煤矿、锡矿、铜矿、金矿）、砂石厂、采石场、砖厂和种植园及其他。而且都是些又黑又小、贵州人（普通打工者和案犯）较多的地方。在代成富的描述中，很多矿场采用的仍是中世纪的劳动方式和奴隶社会的劳动关系。比如，黑心老板的众多打手和狼狗，比如煤矿里手脚并用的匍匐前进，比如砂场里被草草掩埋的工人，比如代氏弟兄那位以为早已失踪其实还活在云南开远锡矿里被打断六根肋骨和一根大腿骨的三母舅……如果你迄今仍被2007年轰动中国新闻界的黑砖窑事件所惊吓的话，那么我们亲爱的代成富先生以及众多贵州乡党只能对你的少见无识深感不齿。另外，路线图也明确地告诉我们，"形迹可疑的贵州人"不仅遍布全国各地，奴隶制也星罗棋布于这块"神奇的土地"。这不是所谓的真相问题，而只是生态问题，正所谓太阳底下无新事，有光芒万丈之地必有伸手不见五指之所。这也不是见识问题，而应该理解为常识。

可怜的陆凤仁先生，自从被锁定为凶手之后，他不能使用身份证，也因为小学没毕业不可能谋到什么体面的差事，逃亡路上，他只能矢志不移地一头钻进这样阴沟一般的地方打工糊口，并在猫鼠游戏中忍受着被代氏弟兄一举擒获的恐惧。何为逃亡？何为暗无天日的生活？大概没有多少人比陆凤仁了解得更多。难怪他被捉住后反而坦然了，是杀是剐听凭代氏兄弟办，我们都有必要替他在 2008 年 9 月 17 日被捉住的瞬间深深地松一口气。

神秘主义

代氏一族虽然在当地可谓强人，但在代天云遇害到确定凶手是陆凤仁的期间，他们还是免不了恐惧。这种恐惧不仅仅有对"暗处"的凶手的害怕（不知道是报复还是别的什么），也有形而上的恐惧，即是对死亡的精神上的惊悚。位于石头村的代家老宅（尚且住着死者的老婆、儿女和老母）窗户全部用砖头水泥砌死，猴儿关下的代成军家也每天早早关门打烊，放出了地下室的黑狗，锁好了门窗。但他们还是害怕。代成军有一双儿女，不敢留在家里，送到了六盘水市区的学校里宿读。即便如此，或者恰恰如此，夫妻二人更加害怕了。后来老三代成富从家里找出一把古刀，让这对夫妻辟邪。据代成富所说，这把刀源自 1949 年前某地主恶霸，应该捅死过不少人，后来被其小姨太保管，最后流落到代成富手中。也就是说，这柄古刀确实是一把"凶器"，凶恶的器具，以凶制凶，以邪压邪，以毒攻毒，以暴制暴，这是中国人最后的底线。

让代成军夫妇难以忘怀的是 2007 年 8 月 8 日当天老六代天云在死之前在他们家稍作停留时的样子。当时已是午后，鬼使神差，这一天代成军家开饭很迟。饭前代天云就骑着摩托车从石头村来了。代天云也没有吃饭。再次鬼使神差，不知是潜意识里感受到了死期已到没有什么胃口，还是别的什么原因，兄嫂邀请他一起吃饭居然还遭到了也没有吃午饭的代天云的拒绝，然后他跨上摩托就永远地走了。应该叫他吃饭的，代成军老婆是这么对我说的，如果给他吃饭，他就可能不会遇到陆凤仁，就不会让后者搭自己的车，就不会死。将这理解为愧疚的话，是对代成军夫妇的不公。但面对一个亲人的死亡，追悔是人之常情，亦带有浓厚的神秘主义色彩。

神秘主义遍布代天云死亡前后。半个月前的某天夜晚，代天云的卧室里突然惊现一条蛇，代天云将它打死了。这是时年73岁的代母李氏告诉我的，她的意思是，如果自己的儿子不打死这条蛇，可能就不会死，因为代天云出生于1977年，属蛇。代天云的老婆杨菊（我觉得这里称其为"遗孀""女士"特别矫情）也告诉我，丈夫遇害当天夜里，她怎么也睡不着。丈夫彻夜不归并不罕见，各种酒席以及相关的牌桌，总是少不了的，属于当地风俗人情的一部分，她已经习惯了，从来没有失眠过。可这回，她胡思乱想了一整夜，第二天一大早就给代成军打电话问丈夫的下落，因为缺乏睡眠，她的眼睛又红又肿，就像为丈夫之死已经提前哭过了一般。

接到弟媳电话的代成军也总觉得有什么不对劲,他立即想起昨天吃完午饭自己干活的时候居然困得不行,怎么也睁不开眼睛,然后就在自己那辆轻卡的驾驶室里睡了一觉,而且一直睡到傍晚,直到有人进了他的院子叫他才醒。这在以前也从未发生过,一个劳动者,怎么会一边干活一边犯困呢?这有违常识。那个叫醒他的人是要搭摩的的家伙,代成军心里还笑来人,猴儿关这里什么都缺,就是像老六代天云这样的摩的司机从来不缺,从早到晚,他们都聚集在杨残疾的小卖部之前等生意。但来人告诉他,小卖部前没有,代成军不信,出去看了一眼,真没有,这太奇怪了,一如北京东西单大街突然有一天一个人也没有那样惊悚。然后他就打老六的手机,不通。崇山峻岭,没有信号正常。代成军只好自己跑了一趟,但心里已经埋下了一个奇怪。现在,老六媳妇打电话找老六,正好猴儿关下的摩的司机们正在热议吊水岩洗线沟里躺着个死人,代成军一点儿没有犹豫,他立即确定发生了什么事。冥冥之中似乎上帝在他耳边大声疾呼:傻逼!在山沟里躺了一夜、已经开始腐烂发臭的尸体就是你的六弟!

关于神秘主义(包括所谓的"封建迷信"),在代天云死后的查找凶手时,还发挥了一些没有起效的作用,这在《水城弟兄》里已有表述,不再多言。我想说说小说结尾我为什么会提到基督教。

1883—1885年,中法战争以清政府战败告终,越南这个中国的藩属国宗主权开始归法国所有，之后也便有了杜拉斯的《情人》，不提。当年的法国以及其他欧洲国家的传教士们于是通过越南进入云贵，在苗人中间布道。苗人原先就在中原王朝的教化之外，对信仰问题并无成见，不会为了孔孟之道而固执己见。据史料记载，苗人对基督教可谓信之甚笃（起码比汉人接受能力强）。但历史风云多变，之后中国连年的战争使西方传教士与苗人信徒失去了联系，尤其是1949年后。但对上帝的情感并未因为战争和改朝换代而彻底消亡，他们仍然在政治高压下默默祈祷。于是，因为传教士的不在场，在宗教仪式甚至教义上，他们逐渐偏离了欧洲传教士的"正统"，形成了带有"苗人特色"的基督教。本人对此十分感动。2009年本人回到南京，曾对一位信耶稣的朋友谈到苗人的基督。没想到我这位朋友很不以为然，确实，他和一拨有头有脸有文化有教养还有金发碧眼外国人出场的所谓中产阶级人士隔三岔五聚集在某张点了几根白蜡烛的餐桌旁交流和祈祷，和苗人在山野间对苦难对上帝的理解或许真的有嫡庶之分，但我不能改变自己对苗人信仰的感动。希望上帝眷顾这些置身血腥、危险、贫穷和艰辛中的山民。

婚育及其他

代氏弟兄告诉我，在水城，一对夫妻一般会生两个或两个以上的孩子。代成富两个，代成军两个，死者代天云则有三个（可怜的孩子们啊，你们以后怎么办）。他们还说，1997年之前，当地计生部门针对二胎的罚款是600—800元人民币。1997年后，涨了，要一万多。也就是说，一对夫妇如果不认同"只生一个好"而执意要生二胎的话，就必须根据不同年限的不同价格向政府购买一个孩子。

我不记得当地的计生标语了，相信意思应该等同于"一人超生，全村结扎"或"少生孩子多养猪"等恐吓或致富诱惑。威逼利诱是没用的，一个摩的司机是这么跟我说的，生两个都少，一个从山崖上掉下去摔死了，另一个像代天云那样被陆凤仁们捕死了，你是想叫我绝后还是咋的？所以这哥们一口气生了三个。

我也不记得这哥们叫什么名字了，有一天时间，我都是叫他骑着摩托车带我在水城瞎转，其中路过了代天云被捕死的现场，也路过苗人的村寨，还路过一些不知道为什么要路过的地方。中午我们在陡箐乡小镇子上的一个小馆子里吃饭，在他的推荐下，点了一锅羊肉，就是当地看起来极其漂亮极其黑暗有如幽灵的黑羊。确实好吃，但我那天食欲一般，没吃多少，几乎他一个人吃了一锅羊肉，最后连汤也喝了。当然，钱是我付。此外我还不断地敬他烟，和他唠家常什么的，可谓相谈甚欢。我想这样会好说话点，没想到傍晚的时候我问他要多少钱，他还假装眼白朝天算账的模样，然后说两百。我说这么多其实有点废话,我想说的是,这个已经有三个孩子的摩的司机跟我年纪一样大。在唠家常的时候,他不免也问到我的状况。我多么希望告诉他,我不仅有老婆,还有二奶情人什么的,至于孩子,连我自己都数不清。可惜我当时什么都没有,空有一腔精液。

代成富对我至今未婚也表示不理解,但作为一个闯过江湖的活络人,他表示,将来我结婚办喜事了,如果邀请他,他一定会前往我所在的城市去喝上一杯喜酒。这确实有点出乎我的意料,而且也有点吓人。我完全没有想到我和他的关系已经到了这一步。大概也正是因此,我没有像之前去采访他们的记者那样,吃住招待了你,你也答应了给他们寄报纸结果没寄,自此音信杳无,显得很不仗义。《水城弟兄》发表后,我叫《时尚先生》给他们寄了刊物。两年之后,一个QQ上的人(不知道是拍电影的还是干嘛的,忘了)说他看了我的小说集《越来越》中所收的《水城弟兄》,觉得有点意思,他想去找代氏弟兄玩。我就把代氏弟兄的手机号码和怎么去都告诉了他,并且也叫他把《越来越》送给了代氏弟兄。在这过去的几年里,我也经常在各种场合提到这次贵州之行。总之,代氏弟兄的故事已经被我无耻地引为自己的宝贵经验。有时我在酒桌上侃侃而谈如上所述,会猛然惊醒:代氏弟兄还记得我吗?